マンガでわかる片づけ

ネコちゃんのスパルタおそうじ塾

卵山玉子 著
伊藤勇司 監修

Prolog

「ネコちゃんの覚醒」

かわいい飼い猫を写真に撮っても
愛猫 ネコちゃん
オス
カシャ
背景が汚くて他人に見せられない
ごちゃー
汚部屋とかゴミ屋敷ってほどじゃないんだけど
足のふみ場 Nothing☆
ここまではない…
もうちょっとスッキリさせたいなー
よっこいしょ
まずは視界に入る品数を減らしてみてはどうかな
ネコちゃんが喋った
うん もう
見かねて…

ネコちゃんも散らかってるのイヤだったんだ?
どうやって喋れるようになったの?
Eテレで覚えたよ
うん 物が多くて歩きにくいしホコリが毛に付くし
でもさー どうせすぐ使うから出しっぱなしの方がラクなんだよね
この掃除機はいつ使うの?
…明日の昼間…
デジカメは?
こんど出かけた時に…
木工用ボンドは?
必要になったら…
出しっぱなしのものたち
ボンド
そんなこと言ってたら「そのうち使う物」全部出しっぱなしじゃないか
ボンド
もう だまってられん
キュ キュ
今日からスッキリお部屋を目指してお片づけ開始
貸します、猫の手!!
え

人物紹介

ネコちゃん

キレイ好きな飼い猫（オス）
飼い主の汚部屋をみかねて
掃除に口を出すようになる

トモエ

時短勤務の派遣社員
面倒くさがり屋でお掃除が苦手。
キレイな部屋に憧れてるけど
なんだかうまくいかない

ケンスケ君

トモエの夫。まじめな会社員
おおらかな性格で、
多少部屋が汚くても気にしない。
そのかわりケンスケ君も片づけには
無頓着だったりする

目次

mission. 1

リビング編

手始めにリビングから
お片づけするよ
何からどう手をつけたら
いいかわかんない…
「片づける」をざっくり言うと
こんな感じだよ
片づけポイント！
・いらないものを手放す
・物を収納場所に収める
・乱雑に配置された物を整える
・ホコリ・汚れを落とす
あ、
こうすると
カンタンに見える
できる気がしてきた
…でも家中キレイに
しようと思ったら
かなりの手間だよね
しょぼぼ…
まあねぇ
どうせインテリア雑誌に載ってる
お部屋みたいにはならないのよ
もぺーん

痛いかッ
ネコちゃんのココロはもっといたいぞ
いや肉球がプニプニだった
雑誌に載るようなお部屋にしなくっていい！インテリア飾る前にトモエはまず片づけろ
話はそれからだ!!
う、うん！
その意気だ
ギュッ
なんだこれ…
では気を取り直してリビングのお片づけを始めるよ
リビングみたいに人が集まる場所は物も集まりやすいからゴチャゴチャしてきちゃうんだよね
食べ物
Cookie
茶
文具
MEMO
こまごま
本や手紙
まずは大きいものを収納して空間を広くしよう
掃除機しまうよ
あ、掃除機はそこの収納棚に…

掃除機があったところ
……
こうやって！出しっぱなしにするから！物の帰る場所がなくなっちゃうんだよ！
かわいそうな掃除機!!
ごめんって〜
これらは置き場に困ってとりあえず突っ込んだって感じだね
シーズンもの家電
もらったけどいらない物
映画のパンフレット
CD
まさしくそうです
いったん全部出して掃除機の置き場所を確保して…
OUT
IN
掃除グッズは掃除機と同じ場所に収納しよう
こまごましたグッズはつっぱり棒で吊るすのもオススメ
これは…どこにしまおうか…
ネコちゃんはこれけっこう好きだよ
迷ったらいったん隅っこにまとめておけばいいよ
保留ゾーン

こんな感じで まずは
大きい物から片づけて、
見える床の面積を広げよう
大きい物が片づくと
けっこう広々するね
一時間以内に使わない物は
全部しまっちゃうといいよ
そうすると
案外
出しっぱなしのものって
無くなるんだよね
えー、めんどくさいよ
めんどくさがった結果が
この残念な部屋だよ
NEKO CHAN HIP-BOMB
そっすね
エアコンのリモコンなんかも
季節によっては何週間か
使わなかったりするよね
エアコン用
ホコリが
つもっちゃう…
扇風機用
うん
こういうのも
いったん片づけておくと
テーブルの上がかなり
スッキリするんだ
汚れないし
ほんとだー

あとはコンセントやケーブルを
なるべく見えないようにすると
さらに床がキレイに見えるよ
ケーブルカバー
タップにカバーをかぶせたり
ゲームのコントローラーもひとまとめにしてスッキリ
床やテーブルが片づくと
飾り棚のゴチャゴチャ感が
さらに気になるなー
DM
ペン立て
消臭剤
植物
フォトフレーム
ポプリ
こけし
クリップ
ハサミ
消しゴム
ぬいぐるみ
USBメモリ
カギ
片づけをすっとばして
飾りつけると
雑多な感じになっちゃうね
まずは
「ここになくていい物」を
取りのぞく！
インテリア小物も
いったん全部撤去して
ホコリを拭いてキレイにしようね
掃除しやすいように
数をしぼるといいよ

ところで なに、この洗濯済みの服がたくさん詰まった箱
こんもり…
まとめて畳もうと思ってとりあえず置いてあるの
いつもこの箱からその日着る物を掘り出してない？
くつ下どこだー
ほり ほり
ギクリ
……
ネコちゃんは見てたよ
仮置きのはずが定位置になってるじゃないか
廃止!!!
あ
えー でも実家ではこうやってたし…
これくらいちらかってたし
実家は実家！うちはうち！
たたむっ
今のトモエが今いる場所で「いいな」と思う暮らしを選ぼうよ
習慣でやってたけどコレがない暮らしのほうが理想かも…
たしかに…
どうせやらなきゃいけないことは溜め込まないで即やっちゃおう
ためるとめんどくさくなるし
あ、この服ここにあったのか

で、このクリップとかメモリーカードとかは…
シャーペン替え芯
HB
こま
ごま…
1TB
ごちゃ
SD
ごちゃ…
ふせん
今すぐは使わないけどしまいこんだらどこにあるか忘れそう
細かくて見失いそうな文具とかデスク小物は箱やポーチに入れてまとめておこう
クリップは小さい容器に入れて…
お道具箱だね
SDカード
POUCH
USBメモリ
鍵は出かけるときに使う物だから財布や定期の近くに置いておくといいよ
お出かけチーム
用途別でまとめるとどこにしまったか思い出しやすいでしょ
つめきりは美容・衛生コーナーにあるはず…
たしかに
よし!!細かい物片づきました!

だいぶスッキリしたねー
目に入る物が減るとこうなるんだねー
残るはこの保留ゾーン…
もう何年も手に取ってないけど思い出もあるし手放すのはためらわれる品々…
人情ゲーム
捨てっちまえ
ええ――
ほれ
ゴミ 45ℓ
やり場に困って見えないところに押し込んでるんでしょ？
使う使わないじゃ割り切れないことも人にはあるんだよ
ゴミじゃん
初デートで行った映画のパンフとか!!
じゃあ収納に入る範囲で取っておいたらいいよ
「思い出の品ゾーン」を決めよう！
うん
半分は捨てないと入らなそうだけど
……

リビングまとめ

床と家具の上に乗っている物を減らせば片づいて見えるよ
そうじも楽！
物には必ず「帰る場所」を作ろう！
用途が近いものをまとめればあちこち探さなくて済むよ
またね～
文具
100％キレイにしなくて大丈夫！
自分が気分よくいられる空間をイメージしてみよう

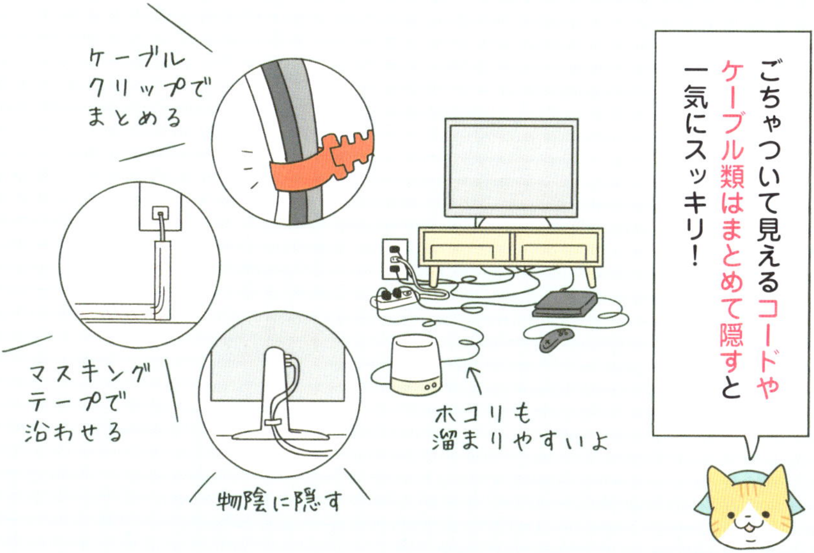
ごちゃついて見えるコードや
ケーブル類はまとめて隠すと
一気にスッキリ！
ケーブルクリップでまとめる
マスキングテープで沿わせる
物陰に隠す
ホコリも溜まりやすいよ

気がつくと家のあちこちに
散らばっている
小さなクリップや小物は
とりあえず集合させよう！
ポーチ
ポーチや箱を用意してポイポイ入れよう
思い出も大事、
生活スペースも大事
なんだっけこれ…
おもいで
ものが無くても思い出は残るよ！
逆も然り

脳が疲れない、「気持ちいい」片づけ

家中をキレイにしようと思ったら、途端に気持ちが萎えてしまう……。これは、片づけが苦手な方の多くが感じていることかもしれません。また、片づけが進まない人ほど、「一気に全部、完璧にやる！」という意識で始めてしまうものです。

はじめまして。空間心理カウンセラーの伊藤勇司と申します。このコラムでは、トモエさんとネコちゃんのお片づけを、心理面で解説しながらサポートしていきたいと思いますので、よろしくお願いします。

実は、片づけをしようと思った途端に疲れてしまうのは、**肉体的な疲労ではなく、脳の情報処理による「脳疲労」が原因。**

私たちの脳は見るものすべてを記憶していく性質があるため、「さあ、片づけるか」と家中を見まわした時、物がたくさん散らばっていればいるほど、記憶処理のために脳に負荷がかかることになります。

逆を言えば、物が少ない空間であるほど、負荷がかからなくなるということ。

ですからリビングをくつろぎの場所にするためには、できるだけ物をあちこち点在させず集約して、空間を広げていくことが大切なのです。

ネコちゃんが**「まずは空間を広くしよう」**と教えてくれているのは、実は片づけにおいて最も効果的な第一歩となります。

例えば、リビングのテーブルに物が散乱しているなら、「何も考えずにすべての物をテーブルの端に寄せる」だけでも空間は広がり、すっきりとする感覚を得られるでしょう。

脳を疲れさせず、リラックスできる空間を作るために、ネコちゃんが教えてくれて

テーブル片づけただけで
なんだかスッキリ!!
広い空間
だー!!

いる一つ一つの行動に取り組みながら、少しずつリビングを整えていきましょう。

まずはすぐに移動できるような大きめの物から取り掛かると、一気に空間が広がり、達成感も得やすくなります。そうやって空間を広げながら気持ちも頭もスッキリし、達成感も味わっていくことで、片づけをすることが自然に心地良くなってくるはずです。

すると次第に、細かく点在しているものにも目がいくようになるでしょう。その時に、物をまとめたり、取捨選択をしながら集約をしていく行為を通して、自分の習慣を振り返る機会が持てるようにもなります。

自分が無自覚で行っている行動に気づいていく作業を、心理学では**「無意識の意識化」**と呼んでいます。

その無意識で行っている行動は、幼い頃からの家庭環境で育まれた習慣が特に多いのですが、「〝今〟のあなたにとって必要な習慣かどうか」は、別問題。ネコちゃんが「今のあなたが、今いる場所で〝いいな〟と思う暮らしを選択する」と言うように、常に今の自分が大切にしたいことを基準にして物事を考えるようにしましょう。

なぜなら、この発想が物を取捨選択していくためにも重要な基準となるからです。

実は物を捨てることができない多くの原

因は「物に付随する想い」を、手放せないだけであるケースが少なくありません。

「親しい人にもらったものだから……」「あの頃の思い出の品だから……」というように、他人への想いや過去の想いが付随しているものほど、手放せずに執着してしまうものです。

そういった、物に付随している想いを切り離して考えてみて、物が必要なければ手放し、想いは心の中で受け取っていくようにする。そんな発想で手放せない物を捉えてみると、気持ちまで整理がつきやすくなっていきます。そして今のあなたが大切にしたい想いを表現するような空間作りも、この機会にぜひ意識してみましょう。

リビング編のまとめ

★片づけができないのは「脳が疲れる」から。
少しずつスッキリ空間を広げていくことから始めよう。

★習慣づけられた無意識行動を、
「今の生活」に必要かどうか考えてみよう。

★「物」と、物に付随する**「想い出」は一度切り離して**見てみよう。

mission. 2

キッチン編

この調子でキッチンもキレイにしよう
キッチンはわりと片づいてると思うよ！
キッチンのお掃除ポイントは…
お掃除ポイント！
・極力物を置かない
・洗い物も食材も溜めない
・汚れを定着させない
3ない ポイント！
……
この…ぶら下がってる鍋とかおたまは…
見せる収納だよ！
ステキでしょ
この調味料も？
見せる収納だよ！
ズラー
見せすぎじゃない？

コンロの周りは
汚れが飛び散りやすいから
見せない収納のほうが
いいんだけど…
収納棚が満杯なのかな
きゃーーっ
ぎっしり…
ガムシロップ
ソース
タルタル
ソース
おすいもの
お惣菜に付いてくる物
全部取っておいてるの?
だって
もったいないでしょ
賞味期限
切れまくってるよ!
おしぼりも
カピカピ
だよ!!
2011.4
マデ
おしぼり
おすいもの
2019.10
マデ

だって食べ物だよ
捨てるの気がひけるよ
ちょっとくらい
古くなっても
食べられるよ
ちょっとじゃないだろ
溜め込んで
食べられなくしたら
結果一緒だよ
もらったそばから
使ってしまえ！
タダなんだから！
タダでもらった物を
大事に溜め込んで
収納スペースを圧迫するのは
もったいないよ
お金を出して
買ったもの
入れない…
満員でーす
タダのもの
今回はほとんど
賞味期限切れだから
全部捨てます
けっこう
スペース
とってたね
空いた引き出しに
出しっぱなしの調味料の
汚れを落として収納
汚れたままだと
臭くなったり
するから
キッチンは極力
物を出しておかなければ
掃除が断然ラクだよ
サッと
拭ける！

出しっぱなしの鍋類も棚にしまっちゃおう
でも収納スペースがないよー
空間を贅沢に使っておる
仕切りを作って立てるとたくさん収納できるよ
お鍋や調理器具はなるべく厳選して数をしぼろう
Ⓐ
Ⓑ
Ⓒ
Ⓑ1つでも大丈夫かも
どうしても棚に入りきらない場合は吊るす収納もアリだけど
トモエはまず物をしまうことを徹底したほうがいい
見せる収納は上級テク!!
なんでおたまが5本もあるんだ
はーい

コンロの周りはスッキリしたね
次はシンクの周りを片づけよう
どちゃー
きたなーい
後回しにしていろいろ溜めちゃって…
汚れた物は放置してもいいことないからあきらめて食後すぐ洗う!
めんどくさい
ためる
汚れが固まる・たまる
めんどくさいループ
たしかに…

食器が片づいたら
この三角コーナーを
これは触りたく
ないなぁ
はい ゴミ袋
捨てます
ゴミ
ええ――
触りたくない物が
食べ物の近くにあるって
変じゃない？
ほら ほら
やめろ
実は三角コーナーを見るたび
「掃除しなきゃ」って
ストレスを感じていました…
捨てます
生ゴミは小さいポリ袋に
どんどん捨てていくと
ニオイや虫が発生しにくいよ
1日で捨てる
ポイ
ポイ
ポイ
トモエは掃除が苦手だから
なるべく物を減らして
掃除しやすい空間を作ろう

物が片づいたら洗剤で汚れを落とすよ
用意するもの
ゴム手袋
重曹＆重曹水
重曹
水200ml＋重曹小さじ2
スプレーボトル
クエン酸水
水200ml＋クエン酸小さじ1
スプレーボトル
食器用洗剤
スポンジ
そうじブラシ
古ハブラシ
シンクはクエン酸水を全体にスプレーしてからスポンジでこすると水垢が落ちやすいよ
排水溝は重曹をふりかけてブラシでこすり洗い
コンロ周りの油汚れは重曹水で拭き取る
落ちにくい場合は重曹をふりかけてみて
五徳や換気扇のパーツは重曹で1日漬け込むと汚れが落ちやすいよ
お湯 バケツ1杯
＋重曹 カップ1杯

なんか全体的に明るくなった！
金属部分がピカピカだと清潔感がアップするでしょ
この状態キープできるかな…
自信ないわ
トモエ次第だ
溜まった汚れを落としたから毎日軽く拭き取るだけでもけっこうキープできるよ
シンクは寝る前に水分を拭いておくと水垢が付きにくいよ
難しく考えずに汚れたらすぐ拭いて食器は洗う、ゴミを捨てる
とにかく溜めない!!
頑張るわ
言ってるそばから
ポロ
ポロ
ボリ
ボリ

キッチンまとめ

お惣菜に付いてくる醤油などの小袋調味料は、溜め込まないで早めに使おう。
お弁当用にとっておく場合は数を決めてそれ以上ためない
しょうゆ
しょうゆ
しょうゆ
しょうゆ
カラシ
カラシ
カラシ
調味料にも帰る場所を作ってダイニングテーブルの上に出しっぱなしにしない
パシャー
わーっ
書類が!!
わさび
茶
小物が多いキッチン、安価なプラケースでどんどん仕切って収納上手に!
カトラリー
フライパン
油や調味料がこぼれても掃除がラク!
油

調理器具も食器と同じ感覚で
毎日汚れを落としておくと
こびりつき汚れが防げるよ

電子レンジや冷蔵庫など
汚れやすい家電も
こまめに拭いておこう

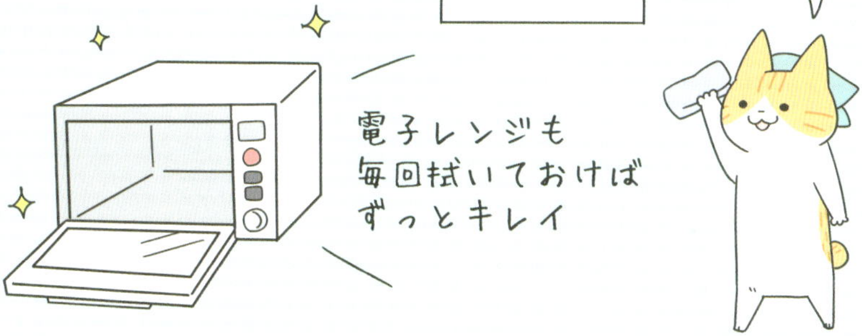

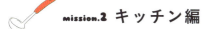

【伊藤先生のコラム】

「すぐやるほどにラク」な片づけ

キッチン周りはしつこい汚れが発生したり、生ゴミで不衛生になりやすい場所。それゆえ掃除や片づけが億劫なイメージもあるかもしれませんが、実はキッチンは、最も片づけを習慣化しやすい場所でもあります。

キッチンにある物の多くは食材なので、使えるか使えないかが、期限という明確な基準でわかります。つまり、**一度手にとってしまえば、捨てるか捨てないかも深く考えずに判断しやすいということ。**こうした「期限」を意識していく感覚は、日々の生活の中での行動や時間管理をしながら自分をコントロールしていく感覚を養うことにもつながっていきます。

また、料理の後の油汚れや生ゴミの処理は、後回しにすればするほどに労力がかかり、見たくも触りたくもないような状態になってしまうものですが、**今すぐにやればちょっとの労力で済んでしまうのもキッチン周りの特徴。**

習慣とは、毎日繰り返すことで定着していくものです。キッチンの掃除を通して、「すぐに行動して、すぐに良い結果を作る」ということを繰り返していくと、「すぐにやったら、すぐにきれいになった！」という明らかな実感を得られるので、片づく状態だけではなく自己肯定感を飛躍的に高める効果も生まれます。

片づけがうまく進まない人々の心理に共通することの一つとして、「成功体験が少ない」ということが挙げられます。リビングの項でも触れましたが、**片づけが進まない人ほど完璧思考な傾向にあり、少し進んでいたとしても「まだ何もできていない」と捉えてしまいがち。**自分がやった行動を

すべて失敗とみなして、小さな進歩は認めないのです。

そういった捉え方の繰り返しがさらに自信を失うことにつながり、片づけに限らず「やっても意味がないから、やらない」というネガティブな判断をする自分が形成されてしまうものです。

ですから、キッチンの掃除のように「小さいけど明らかな成功体験」を繰り返すことで、ついでにこうしたマイナスなサイクルから脱出するための意識改革をしてしまいましょう。

まずは、ネコちゃんが教えてくれているように、一度キッチンの収納スペースを確認して、期限切れの物は手放していきましょう。するとスペースが空いた分だけ、外に出しっ放しになっている物を収納できるようになります。収納をうまく活用してキッチンに物を極力置かない状態にできれば、それだけ掃除をする上での手間も省けますので、美しい状態をキープしやすくなります。

次はシンクの水垢や汚れを落としていきましょう。ピカピカに輝く状態が目の前に現れ、それがさらなる達成感となって心も充実していきます。

こうしたキッチンの掃除を通して「すぐやる」習慣が身についていけば、キッチン以外のあらゆる場所にも同じような意識を

持てるようになります。
すると気づけば自然と、これまで従いがちだった「今やるのは面倒だから、後でやろう」という気持ちよりも、**「後回しにする方が面倒になるから、今やっておこう」**というような前向きな気持ちで、積極的に目の前の物事に取り組める自分になっていることでしょう。
すぐにやると、小さな労力で物事が良い方向に進む。先延ばしにすればするほど、大きな労力が必要になり物事が停滞しやすくなる——何事においてもこれを肝に銘じてください。
大きな行動よりも、小さな一歩一歩を大切にする習慣形成のためにも、ネコちゃんの指導をぜひ参考にしてみてくださいね。

キッチン編のまとめ

★キッチンには期限が決まっている物が多いので、**捨てる捨てないで迷わずに済む。**

★キッチン掃除で**「すぐにやって、すぐに結果を出す」**という成功体験を積み上げよう。

mission.
3

トイレ編

リビングとキッチンがキレイだと気分いいいね
この状態が続けば毎日 気分いいと思わない？
うん
ガチャ
ただいま
あっ
ケンスケ君帰ってきた
ケンスケ!!
ただいまー
トモエの夫 ケンスケ君
おかえりー
あれっ なんだかいつもよりキレイ？
えっ
そうかなぁ
オホホ
うん！片づいて広く見える
はいおみやげ
あー 部屋がね
わーいケーキだ
スリスリ

キッチンも
キレイにしたよ
すごいじゃん
トモエ
がんばったね
でへへへ
ありがとう!
すべてはネコちゃんの助言のおかげだよ
ガッ
だから
ネコちゃんを
なでるべき
そうか そうか
ゴロゴロ
そうなの…
あれ
そういえば
ネコちゃん
喋ってるね
すごい
じゃん
うん
リアクション
うっすいな

ネコちゃんはうちをキレイにしたくて人間語を習得したのかー
マンガみたいだよね
うん、マンガみたいだねー
マンガなんじゃない？
めんどくさくてやりたくなかったけど、キレイになった部屋を見るとやってよかったって思えたよ
この調子でどんどん片づけよう
ねっ
スヤッ
ネコちゃん起きてよ
そうじ…
うるさい
えーー
続きは明日
はい…

翌朝
今日はトイレです
トイレですか…
トイレットペーパー ダブル
お掃除ポイント！
・掃除しやすい空間作り
・シミになる前に拭き取る
・使ったついでに毎日掃除
ポイントはここ！
トイレはせまいからすぐ終わるよ
まずはいらない物を減らそう
こちらのいつ洗ったかわからないカバー類
ペーパーホルダーカバー
フタカバー
便座カバー
まさか…
捨てます
やっぱり

トイレマットもいらん
ポーイ
トモエ洗わないでしょ
こういうのはマメに洗う人が使うのだ
棚に入れるのめんどくさくて…
ペーパーのストックを床に置いておくのは汚れが付きやすいからNG
ホコリまみれのポプリも撤去!
いつからあるのこれ…
ゴミ
トイレスリッパも布製の物より拭くだけでキレイにできるビニール素材などがいいよ
布
CHANGE!
ビニール
トイレの掃除用品はなるべく使い捨てを選ぶと掃除用品の手入れをしなくていいからラク!
トイレブラシ
使い捨てタイプに!
ゴム手袋
使い捨てビニール手袋
ぞうきん
トイレ用掃除シート
トイレキレイ

物が片づいたら
トイレ用の掃除シートで
汚れを拭こう
手で触るところから
ドアノブ
水洗レバー
棚・取っ手
ペーパーホルダー
便座と
便器の外側も拭いて…
壁と床も
キレイに拭こう
うわっ
壁けっこう汚れてる
うへぇ…
壁や床にも
けっこう尿が
飛んでるから
毎日拭くといいよ

残るは便器の内側だね
ゴクリ
黒っぽいカビ汚れや手垢には重曹
重曹
小さい容器に移し替えると使いやすいよ!
クエン酸
クエン酸小さじ1を200mlの水に溶かしてクエン酸水を作る
尿汚れや水垢にはクエン酸が効くよ
フチや便座の裏側に付いた黄色いシミはクエン酸水をスプレーしてこすり、ボロ布で拭き取って
便器の中は重曹をふりかけてこすろう
ボロ布
キレイな便器に置き型やスタンプ型の洗浄剤を使うと汚れが付きにくくなるよ!
Stamp

ピカー
トイレをキレイに保つには毎回の「ついで掃除」がオススメだよ
ついで
TSUIDE
座ったついでに
トイレットペーパーでホコリを払ったり
流すついでにペーパーで便器を軽く拭けば尿ジミが防げるよ
便座の裏
フチ裏
毎日汚れを流しているトイレだからこそ、キレイに保つ工夫をしよう
ネコちゃんもトイレがキレイだとうれしいよ!
猫用トイレ

トイレまとめ

汚れやホコリを吸着しやすい
布製品をなるべく減らして
掃除をラクにしよう
洗濯機で洗うの
抵抗あって
けっきょく洗ってない…
服を脱ぎ着するトイレは
ホコリが発生しやすい場所。
ドライタイプの
フロアシートなどで
こまめにホコリを取ろう
ホコリ
目に見えなくても
おしっこは床や壁にまで
飛び散ってるよ!
目に見えるシミになる前に
トイレ用ウェットシートで
毎日拭き取ろう
※イメージ

便器内の落ちにくい汚れは
クエン酸水をスプレーした後
重曹の粉末をふりかけると…
発泡して汚れが
落ちやすくなるよ
シュワー
重曹

トイレを清潔にしたら、
好きなものをちょっと飾って
リラックスできる場所にしよう
ちょっと飾って安らぎ空間に！
小さな
絵
フェイク
グリーン
芳香剤
キレイな
トイレを
保ちたく
なるね！

3秒で人生が変わる？「ついで」の片づけ

この章では、ネコちゃんとトモエさんが一緒に協力して片づけに取り組むことで、帰ってきたケンスケさんにも、良い影響が生まれました。

ケンスケさんが家に帰ってきて、トモエさんの頭をなでなでしてくれたのも、片づけによって環境が明らかに変わったことで、ケンスケさんの気分も良くなったから。いつも通りの部屋の状態で何もせずに過ごしていたら、こうした単純な喜びにつながるコミュニケーションも得られなかったはずです。

このように、片づけに取り組むと、自分だけではなく、一緒に関わる他人にも影響が生まれていきます。

人間は環境動物と言われていて、自分が置かれている環境に左右されやすい性質を持っています。片づけに取り組むと人生がより良い方向へ好転していく人が多い一つの理由が、心地良い環境に身を置く時間が長ければ長いほど、自分の心も安定して、他者とも良好なコミュニケーションが取れやすくなるからです。

身近な環境を整えていくと、単に部屋を片づけるという結果だけにとどまらずに、人生全体にも影響していくのです。

さらに、この章で取り組んだトイレという場所は**「自分とのコミュニケーション」を司る重要な意味をもたらす場所。**

トイレでは、緊張から弛緩に切り替わる「排泄」を行います。これを自律神経の観点から見ていくと、トイレは緊張（交感神経）から弛緩（副交感神経）に切り替わる場所と言い換えることができます。

トイレで思いもよらないアイデアがひらめくという経験をする人は意外と多いので

すが、ひらめきのメカニズムを脳科学の観点から紐解いていくと、ひらめきは交感神経と副交感神経の活動が入れ替わるタイミングに起こりやすいと言われていますので、これは何ら不思議なことではないのです。

ただし、そのひらめきも、リラックスできる心地良い環境だからこそ生み出されていくもの。実際に行って比べてみるとわかりやすいと思いますが、非常に不衛生な公衆トイレにいる自分と、高級ホテルのトイレにいる自分とでは、確実に頭で考えることに違いがあるはずです。

高級ホテルのようなトイレにする必要まではありませんが、家のトイレをいつも快適な状態にしておくことが、よりスムーズな緊張と緩和を促し、前向きでより良い発想ができるような自分作りをするきっかけにもなります。

トイレ掃除をすると運気が上がる、金運が上がると言われているのも、**心地良いトイレでは現実的に価値を生み出すようなひらめきや発想が自分の中から生まれやすいから**と考えると、とても理にかなった話なのです。

このようなことも意識しつつ、ネコちゃんが教えてくれているように一つ一つ掃除に取り組んでいきながら、トイレを整えていきましょう。

ただ、トイレは不潔なイメージのある場

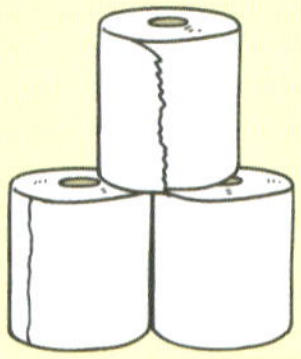

所なので、最初から完璧にやろうとすると、ついつい億劫になってしまうかもしれませんね。

そんな人は、ネコちゃんが教えてくれているように**「ついで掃除」から始めてみるのがオススメです。**

用をたした後、流す前にペーパーでサッと便座を拭く。これだけなら、誰でも3秒あればできます。次は床もサッと拭いてみる。1分もかかりませんね。

そんな些細な一歩から始めてみるだけでも、確実にいつもと違う感覚でトイレという環境を感じられるはずです。その延長線上で少しずつ安らぎ空間に整えていけると、いつしか人生を大きく左右するひらめきが舞い降りてくるかもしれません。

トイレ編のまとめ

★片づけは自分だけではなく、
他人との関わりにも良い影響を与える。

★**良いひらめきを得る**ために、
トイレを心地良い空間に変えていこう。

★3秒でできる**ついで掃除**から始めよう。

mission. 4

窓&ベランダ編

ネコちゃん
気になってたんだけど
なに？
なんでこの家は
天気がいい日も
カーテンをあけないの？
ドキリ
そんなの理由は
カンタンよ
窓とベランダが
汚いからか
わかってんじゃん
……………
今日はベランダ
掃除するよ
えぇ
めんどくさーーい
おだまり
ベランダと窓の
お掃除ポイントは
こんな感じ
お掃除ポイント！
・不用品を放置しない
・ホコリは絡めて除去
・仕上げはカラ拭き
はーい
いそ
いそ
窓からの景観の悪さは
前々から不満だったのだ
シャッ

ガサッ・・・
何度見てもひどい
いやー 一時期
ガーデニングに憧れて
始めてみたんだけど
続かなかったんだね
合掌。
では 土とプランターを
分別して廃棄します
ザバム
プランターは
とっておこうよ！
またいつか使うかも
しれないし！

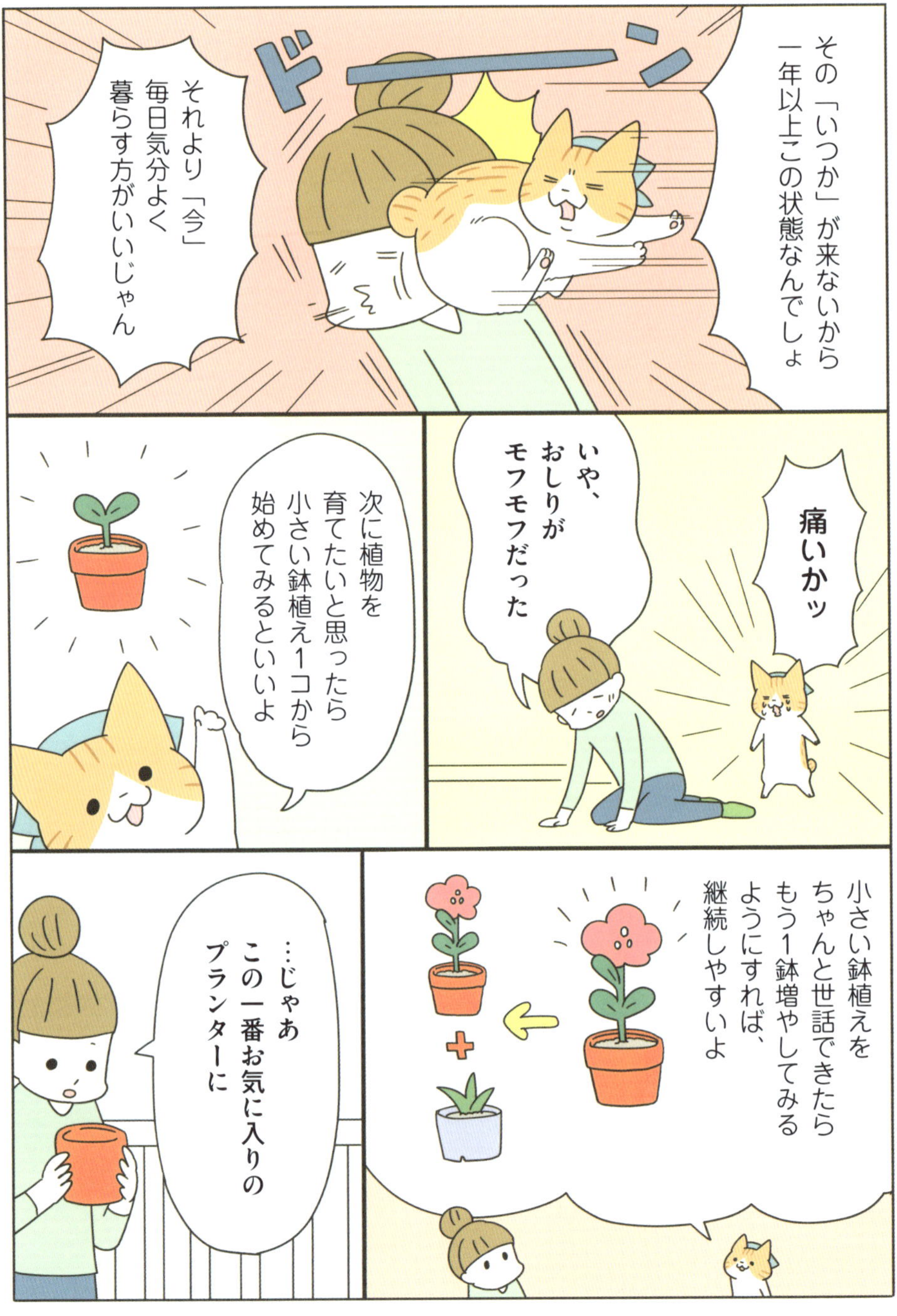
その「いつか」が来ないから一年以上この状態なんでしょ
ドーン
それより「今」毎日気分よく暮らす方がいいじゃん
痛いかッ
いや、おしりがモフモフだった
次に植物を育てたいと思ったら小さい鉢植え1コから始めてみるといいよ
小さい鉢植えをちゃんと世話できたらもう1鉢増やしてみるようにすれば、継続しやすいよ
…じゃあこの一番お気に入りのプランターに

丈夫なハーブとか植えてみる！
1コならがんばれそう
うん、がんばれ！
不用品を撤去したら汚れを落とそう
まずホウキとチリトリで大きいゴミを取って
次に新聞紙を濡らして…
これをちぎっては投げちぎっては投げ
ちぎり新聞紙をまき込みながらホウキで掃くと、細かい砂や汚れが取れるよ
ホコリっぽさがなくなるだけで気持ちいいね

ねー
ネコちゃん…
ネコちゃん!?
じっ・・・
ポー
ポー
あ、鳩
ネコちゃん…
顔…
じいいいい
ごめんごめん
狩猟本能が
顔戻してよ
こわいよ
ちなみに鳩や鳥のフンは
とっても不潔だから、
見つけたらすぐ
取りのぞいてね!
ゴム手袋、マスク着用の上濡らした使い捨てペーパーで取り除く!!
フン
次に水で濡らした
デッキブラシで
汚れを落として
ゴシ
ゴシ
かるく絞ったぞうきんで
物干し竿や手すりを拭き取る

仕上げに
カラ拭きして完了!
けっこう汚れてたね
まっくろ…
排気ガスとか
色々な汚れだね
この汚れは窓や網戸にも
付いているから、
窓もキレイにしよう
乾いたぞうきん
×2枚
固く絞った
ぞうきん
×1枚
ぞうきん
3枚用意
①乾いたぞうきんで
はたくように
ホコリを落とす
パタ
パタ
②窓用洗剤を
窓全体にスプレー
③固く絞ったぞうきんで
拭きとる
④拭きスジが
残らないように
から拭きして終了
同じように
部屋側も
拭こう

サッシもゴミやホコリが溜まりやすい場所だよ！
①古ハブラシで固まった汚れをほぐして
ゴシ
ゴシ
②掃除機で吸引するかホウキで掃き出す
ブオー
あとは網戸か…めんどくさそう…
フロアワイパーとフロア用ウェットシートで意外と簡単に掃除できるよ
フロアウェット
シート
フロアワイパー
①フロアワイパーにシートを装着
持ち手を短く調節すると
持ちやすい！
②部屋側から上↓下方向にゆっくりこする

シートが汚れたら
裏返したり替えて、
外側も同じように拭く
網戸が終わったら
ついでにサッシも拭けば
よりキレイ
たたんで
使う
これで
窓辺はオッケー
おお…
なんかこう…
光がちがうね
日なたぼっこも
はかどるね
ねー

窓＆ベランダまとめ

曇りや小雨の日はベランダ掃除日和！
湿気が多いとホコリが舞い上がりにくいよ
マンションなど集合住宅の場合は近隣の敷地内や洗濯物に汚れが飛んでいったりしないよう注意しよう
防火扉
お隣のベランダに汚れが侵入しないように仕切り部分にぞうきんを詰めて掃除すると安心！
菌がいっぱいの鳥の糞、ゴム手袋とマスク着用ですぐに取り除いて！
必ず使い捨てのペーパーを使ってね！
クエン酸で拭き取ってからアルコール消毒

窓掃除は洗剤が乾く前に手早く拭き取るとキレイ！
洗剤が乾くと汚れといっしょにこびりついちゃう
手早く丁寧に！
から拭きは目の細かいマイクロファイバーのぞうきんがオススメ
部屋側の窓を拭くときは床が汚れないようにぞうきんでガードしてね
除菌用のアルコールスプレーで窓枠部分を拭き取れば手垢も落ちてキレイ！
ここ

「心身が健康になる」片づけ

窓やベランダをキレイに整えておくことは、心理面においても非常に重要な意味をもたらします。

人間の体も血液の流れが止まると色々な不具合が出るように、部屋の中も**空気の流れが止まることで滞りが生まれます。**

例えば、自分がよく動く場所はホコリが溜まりにくいけど、物を移動させないような場所にはホコリがすぐに溜まっていきますよね。1日に1度でも窓の開け閉めを行って家の中に外気を循環させてあげると、それだけで家の中の空気感はすぐに変化します。

また、私たちは日中の活動時間や陽の光を浴びている時などには交感神経が優位になり、夜暗くなって休息する時や、月明かりを感じている時には副交感神経が優位になるのですが、この**交感神経と副交感神経のバランスがうまくとれていること**が、日々のストレスも上手く緩和されて、身も心も健康に過ごせる状態を保つための重要なポイント。

ですからできるだけ陽の光を入れるようにすることで、気持ちも晴れていくような感覚になり、前向きな思考も浮かびやすくなるのです。

陽の光を浴びたり、空気を入れ替えることで、家にいる時もオンとオフのバランスを取り、健全な心身を育んでいきましょう。

さらに、ベランダは普段見えにくいので、不要なものを溜め込んだり、見て見ぬ振りして何年も……ということをやってしまいがちな場所。

ネコちゃんが愛を持って厳しく言ってくれているように、「いつか」と言っているうちは、その「いつか」はいつまで経っても来ません。先延ばしにして手に入れている目先の安易な楽よりも、**今少しでも意識して行動することで手に入れられる、未来の大きな安らぎに意識を向けるようにしていきましょう。**

そしてベランダをキレイにするために必然的に外に出ることは、気持ちを切り替える良いきっかけになります。

トモエさんのように、ベランダ掃除を機に植物を育てることなどを習慣にすれば、**普段生活に使っている理性を休ませ、感性を育む効果も。**まるで瞑想をしたような、頭がスッキリする時間を持つことにもなるでしょう。

さらに、ネコちゃんの導きに従って、網戸や窓もキレイに磨きをかけていきましょう。**透明になった窓の状態を見るだけで、心のモヤが晴れるようなクリアな気持ちになれるはずです。**

もし、窓やベランダの掃除がどうしても億劫でなかなかやる気になれない時は、試しにちょっと目を閉じて、頭の中でイメージしてみてください。

あなたはスッキリ整えられたベランダにいて、太陽の光がポカポカと照らしています。その光の中で、あなたは植木鉢に水やりをしながら、元気に活き活きと育ってくれている植物を見て、自然に微笑みが生ま

【伊藤先生のコラム】

れてきます……そんな場面を想像してみてください。

いかがですか？

想像だけなのに、思わず笑みがこぼれている自分に気づくのではないでしょうか。

実はその状態をイメージで感じられているだけでも、ネコちゃんが教えてくれている「今」を気分良く暮らす心の状態になっているのです。

さあ、イメージできたら、次は現実に行動に移してみましょう。

部屋も心も健全な状態にしてより良い人生を送るために。そして、「今」を毎日気分良く暮らすためにも、この機会にベランダと窓をキレイに整えていきましょう！

窓＆ベランダ編のまとめ

★空気の流れが滞ると汚れも溜まる。
1日1回は外気を入れて循環させよう。

★先延ばしのラクより、**未来の大きな安らぎを得よう。**

★やる気が出ない時は、
快適になった場面をイメージしてみよう。

mission. 5

寝室編

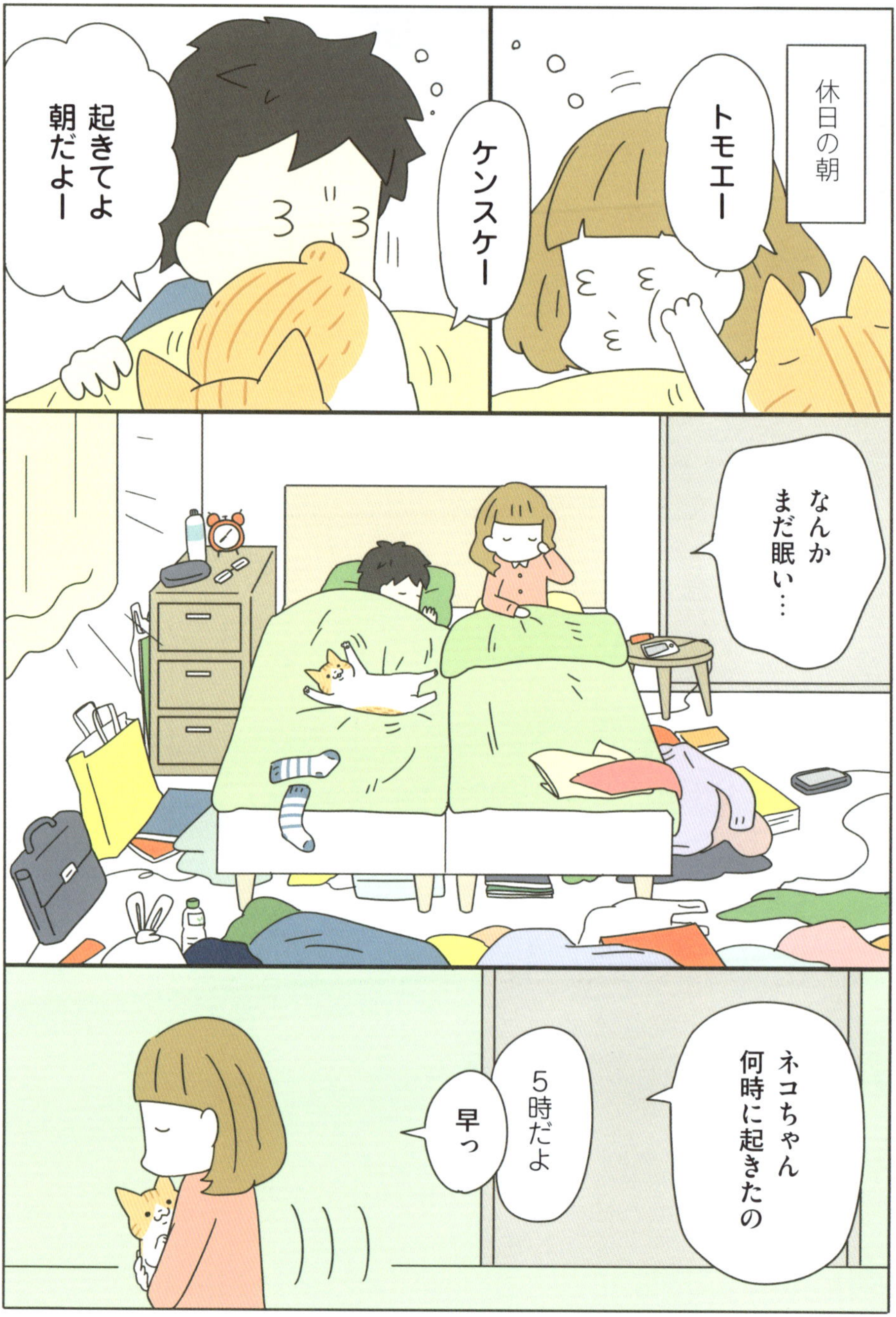
休日の朝
トモエー
ケンスケー
起きてよ朝だよー
なんかまだ眠い…
ネコちゃん何時に起きたの
5時だよ
早っ

mission.5 寝室編

寝室のお掃除ポイントは
ざっくりこんな感じ
お掃除ポイント！
・換気して風を通す
・こまめなホコリ除去
・不要な物は置かない
まず寝具を
キレイにするよ
干せるものは干す
枕
布団・敷きパッド
カバー類・
洗えるものは洗う
カーテンと窓は
起きたらすぐ開けて
空気を入れ換えよう
脱ぎっぱなしの服を
回収・洗濯
なくなってたくつ下…！
ここにあったのか
ゴミを捨てる！
床にもゴミが…
本やゲーム類は
寝室に持ち込みがちな
アイテムだけど

置きっぱなしにならないようにこまめに元の位置に戻そう
読み終わったら戻す！
クリアしたら戻す！
=GAME=
ネコつみき
寝室は寝ることに集中できるように、関係ない物は置かないのがいいよ
スッキリ
わりと片づいてきたね
フーー
あとはベッドの下を…

キャーーーッ
ベッドの下がおそろしい空間に
そういえば何を置いてたか思い出せない
ベッドの下はホコリが溜まりやすいから、なるべく物を置かないこと
わー ホコリまみれ
ごめん
ほとんどゴミだね
人形
物が片づけられたらあとは汚れを落とすよ

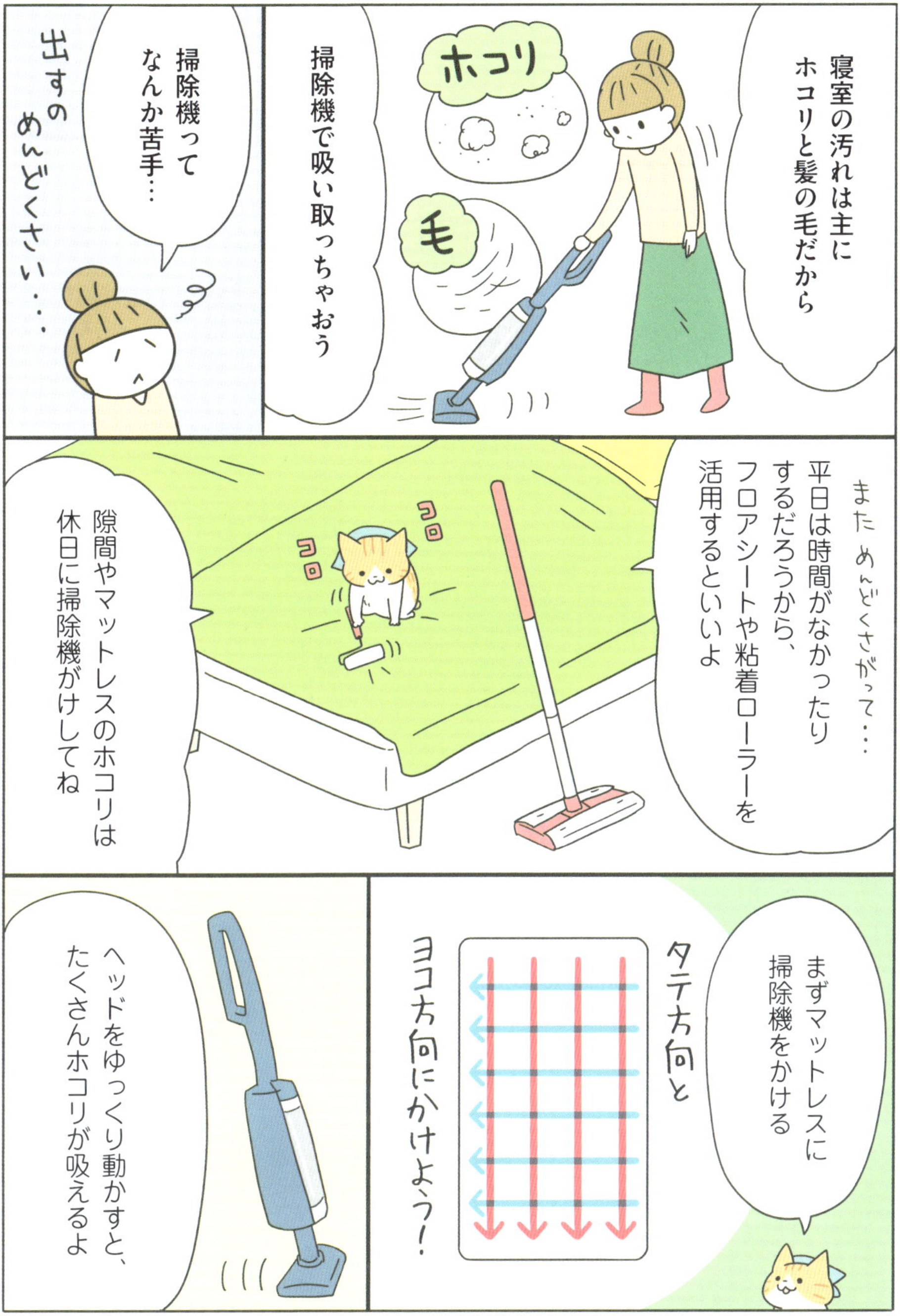
寝室の汚れは主にホコリと髪の毛だから
ホコリ
毛
掃除機で吸い取っちゃおう
掃除機ってなんか苦手…
出すのめんどくさい…
また めんどくさがって…
平日は時間がなかったりするだろうから、フロアシートや粘着ローラーを活用するといいよ
コロ
コロ
隙間やマットレスのホコリは休日に掃除機がけしてね
まずマットレスに掃除機をかける
タテ方向と
ヨコ方向にかけよう！
ヘッドをゆっくり動かすと、たくさんホコリが吸えるよ

裏面・側面も吸い込むよ
ちょっと大変…
ひっくり返して…
掃除機をかけたマットレスはベッドに立てかけて風を通しておこう
最後に床を掃除機がけして
フロア用のウェットシートで拭いて床は完了
ベッドフレームやドアノブは固く絞った布でサッと拭いておこうね
ベッドフレーム
ドアノブ
小物

その夜
布団の上に物がのってない!
フカフカだー
キレイな部屋で一日を終えるのって気持ちいいね
ね—
目覚めもよさそうだね
ネコちゃんもうちょっとはじっこ寄ってよ
にゃ?
かわいい顔でごまかすな
しょうがないな——…
ゴロゴロ

寝室まとめ

ホコリと髪の毛を制圧すれば
寝室はいつもキレイ！

ワイパーや粘着ローラー、
ハンディ掃除機などを
寝室に置いておくのも◎

マットレスは回転させて
風を通すとキレイ長持ち

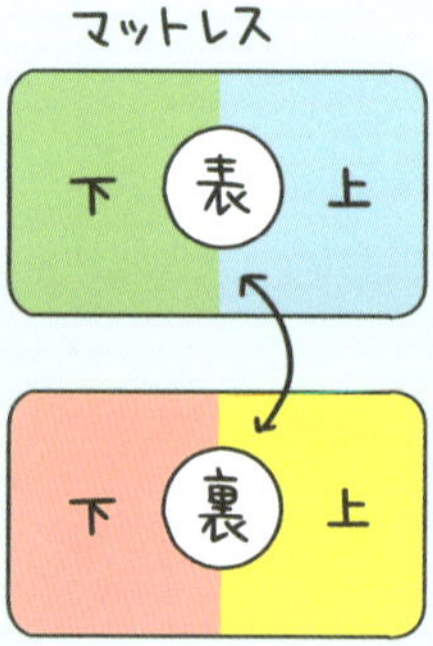

マットレスを
立てかけて干すのが
むずかしい場合は、
丸めたバスタオルや雑誌を
マットレスの下に
かませて風を通そう！

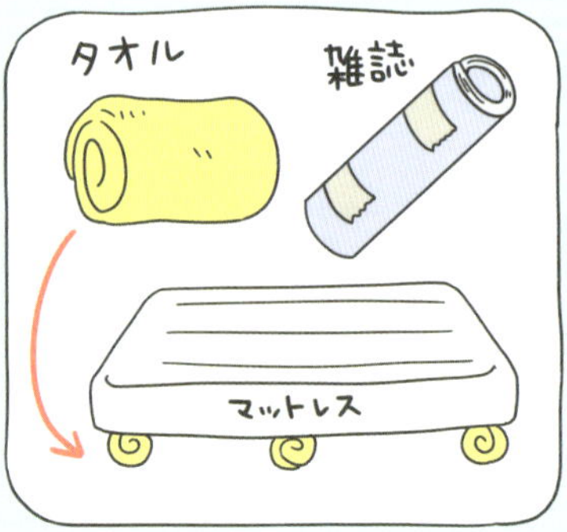

2ヶ月に1回くらい、
マットレスの向きを
裏表上下と変えておくと
汚れや湿気が一点に
集中しないから
カビやダニの繁殖を
抑えられるよ！

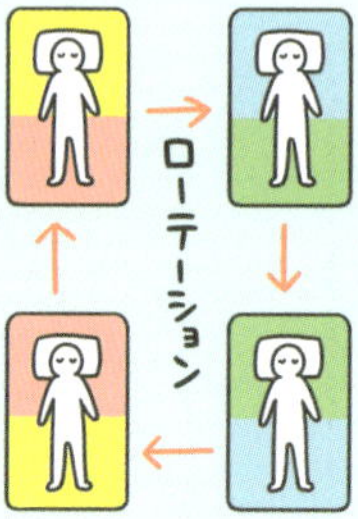

毎日の習慣で寝室はもっと
心地よくなるよ
起きたらすぐ
カーテンと窓を開けて
新しい空気を入れる
布団は捲っておいて
湿気を逃がそう
湿気
出かける前に
ベッドを整えておけば
その夜も気持ちよく
眠りにつけるよ！

枕カバーの上にさらにタオルを敷いて
寝室にこもる加齢臭をカット
ON!
タオル
枕
このタオルは
毎日 取り替えて！
足付きベッドの下を
収納スペースにする場合は
キャスター付きの収納ケースが
取り出しやすく掃除しやすいよ

【伊藤先生のコラム】

「セルフイメージが上がる」片づけ

寝室は心と体の健康を司るとても大切な場所です。さらに言うと、寝室は自分のセルフイメージ（自分への思い込み）を変えるのにもとても有効な場所です。

例えば、仮にあなたが自分のことを「だらしない」と感じている状態だとしましょう。でも寝室を片づけることで、そんな自分を「几帳面だ」というセルフイメージに、自然に変えていくことができるのです。

人の記憶のメカニズムでは、**新たに何かを覚えるために最も効果的なタイミングは、寝る前と起きた後すぐだと言われています。**眠りの前後というのは、頭であれこれ考える意識状態が薄れ、物事を感覚で捉える意識状態に移行するからです。

子どもがスポンジのように何でも吸収するのは、理屈で物事を考えることがなく、感覚で捉えながら自分に落とし込んでいくからです。それと同じように感覚優位になるのが、就寝前のタイミングなのです。

リビングのパートでも触れましたが、人間の脳は見る物すべてを記憶する性質があります。そして、その見た記憶が一番定着しやすいのが、この寝る前と、起きてすぐ、というわけです。

ですから、寝室が不快な状態だとしたら、不快なイメージを深く記憶して眠りに就き、そして起きた直後にもまた不快なイメージを記憶するということになります。**実はこうした寝室での何気ない毎日の繰り返しが、あなたのセルフイメージに大きな影響を与えているのです。**

寝室の散らかった様子を見て、「ああ、私ってなんてだらしないんだろう」と感じるイメージを記憶するから、それに応じて「だらしない」性格が生まれている。一度

そういった観点で捉えながら寝室の片づけに取り組んでみると、片づけを通して自分の考え方も変化していくプロセスを同時に味わっていけるはずです。

寝室はそれぐらい人生にも大きな影響が生まれる場所。ぜひ、ネコちゃんの教えに従って、寝室を「寝ることに集中できる場所」に整えていきましょう。

また、これは意外と知られていないことですが、**寝室は一番ホコリが溜まりやすい場所でもあります。**布団など布物が多いからという理由もあるのですが、実はそこで眠る人自身も、ホコリを吸い寄せているのです。

パソコンなどの電子機器の周りにホコリが溜まりやすいことは、なんとなくご存知ですよね。現代人はそのパソコンやスマホなどの電子機器に触れる機会が多いので、その影響で人自体にも静電気が帯電し、その静電気が、物理的にホコリを引き寄せてしまうというわけです（この静電気は健康にも良いものではありません）。

特に、入浴をシャワーで済ませ湯船につからない人、また寝る前に布団の中などでスマホ操作に夢中になってしまう人は、体内に静電気が帯電したまま寝ることになります。すると**寝ている間にベッドや布団などに、ホコリがどんどん集まってきてしま**

うのです。

ですからネコちゃんが教えてくれているように、ベッドにも定期的に掃除機をかけることをお勧めします。また合わせてベッド下もこまめに掃除することを心がけてみてください。そうやって一つ一つ寝室の掃除に取り組んでいきましょう。

「終わり良ければ、すべて良し」という言葉がありますが、寝室で気持ち良く1日の終わりを迎えられると、次の日も気持ち良い朝を迎えられるはずです。それはまるで、新しい自分に生まれ変わったような感覚です。そんな毎日が続くと、ネコちゃんのように気がつけば朝5時に目覚めるような、早起き体質に自然に移行していくかもしれませんね。

寝室編のまとめ

★寝室は自分の**セルフイメージに関わる大事な空間。**
寝ることだけに集中できる部屋にしよう。

★家で一番ホコリが溜まる場所なので、
こまめに掃除機をかけよう。

おそうじの重点ポイント①
掃除機

おそうじの重点ポイント①
掃除機
掃除機は軽く持って
ヘッドをゆっくり動かすと
ゴミをたくさん吸い込めるよ
一往復
4〜6秒
くらい
スーイ
スーイ
ヘッドを押し付けたり
素早く前後させるかけ方は
吸い込む効率が悪くなるから
力を入れすぎないようにね
ぐいぐい
ゴシゴシゴシ
フローリングや畳は一方向に
板の継ぎ目に沿って
畳の目に沿って
じゅうたん類は
毛足を起こすように
縦方向・横方向に一回ずつ
吸い残しが
ないように
隙間なくかけて
掃除機のフィルターや
紙パックはゴミがいっぱいに
詰まる前に取り替えて
吸引力をキープしてね
吸いこみが
悪いな〜
ゴミが
詰まってるよ
掃除機って習慣にしちゃえば
数分で床をキレイにしてくれる
強い味方になるから
どんどん活用するといいよ
なれてくると
意外とめんどくさく
ないかも!!

mission.
6

玄関編

今日は
トモエもケンスケも
仕事で留守
ガチャッ
ただいま〜
お、
もうこんな時間か
ふ――
疲れた
ネコちゃん
いい子にしてた?
ぺた
ネコちゃんは今日も
いい子すぎたよ
スリスリ
スリスリ
そうか
そうか
いま ごはん
用意するね
……
ポイ

ピィ
おわーっ
笛!?
何すんのよ
3アウトだよ
1
2
3
あとでまとめて片づけようと思ってたよ
ほんとだよ
ピィー
よくそのまま寝ちゃって朝あわててるじゃん
わーっ
ジャケットしわしわ!
定期どこ!?

ごちゃり…
そもそも玄関が汚なすぎる
でもさー 玄関って一日に何度も通らないし多少汚なくてもよくない？
よくないよ
トモエとケンスケは玄関から出かけて玄関から帰ってくるでしょ
いってきます
玄関
ただいま
？ そうだよ
どうせならキレイな玄関から出かけたほうがいい気分だし帰宅するたびに「やっぱり自宅が好き」って思えるほうがよくない？
帰宅した瞬間汚いってちょっと切ないし
たしかに…
ということで今日はゴミだけ片づけちゃおう
着がえてくるわ

まずは靴箱の上の郵便物を撤去
ほぼ
いらないチラシだ…
郵便物はまだわかるんだけど
PIZZA
50%
なぜトイレットペーパーとか買い物袋が玄関に…
トイレットペーパー
ドラッグ
買い物して帰ってきてとりあえず置いといてそのままにしてる…3日くらい
よっこらしょ
ピィ
ピィ
ピィ
片づけます
玄関は狭いからちょっとのつもりで物を置くとすぐに散らかっちゃうんだよ
はい…
耳栓

玄関は家の第一印象だからキレイにしておこう
お掃除ポイント！
・「とりあえず置く」は禁止
・傘と靴の量を管理
・上から順にホコリを払う
さっそくだけど傘多いよね
2人暮らしなのに
傘忘れて出先で買ったのが溜まっちゃって…
ビニ傘は予備に1本取っておいてあとは捨てよう
ゴミ
サビてる…何本もダブらせてもったいないことしたな
折りたたみ傘持ち歩くようにしよう
散乱した靴をそろえたら、今日はここまでにしよう
えっもういいの？
疲れてる時に無理しても続かないでしょ
おなかへったし
そうだね

ただいまー
おかえりー
玄関掃除してくれたんだ? キレイになっててびっくりしたよ
ありがとね
そうなんだよー
意外と気づくもんなのね
次の日
今日は靴を整理するよ
一度全部の靴を靴箱から出して…
新聞紙
靴箱のホコリを払いぞうきんで中を拭く
靴箱を開け放って一時間ほど乾燥させる。いらない靴や不用品があったら処分
乾燥。
ゴミ
床をホウキで掃いて雑巾掛け
わりとすぐ終わるよ!

靴を磨いてから
靴箱に戻して
今日は終了！
かなり
スッキリしたね
また次の日
ここまで片づいたら
あとはドアと家具の
汚れを落として…
①乾いたぞうきんで
ホコリを払う
上から下に
払い落とす
②固く絞ったぞうきんで
全体を拭きとる
好きな物を
ちょっと飾ろう
完成！
ネコちゃんの写真
飾ろうっと
まったく
猫バカ
なんだから〜

翌朝
留守番よろしく
今日はこの靴にしよう
ネコちゃんが言ってたように、キレイな玄関から出かけるほうが気分いいな
私もやればできるって
ちょっとだけ自信がついてきたかも
いってきます！

玄関まとめ

靴・郵便物・傘を片づけて
掃除しやすい玄関に！
色や形が様々な靴。
見せない収納のほうが
スッキリするよ
Before
After

「○○しか使わない靴」は
箱に入れてクローゼットなど
玄関以外に保管する手も
夏しか使わない靴
冬しか使わない靴
雨の日しか使わない靴
冠婚葬祭しか使わない靴

「とりあえず」置いてしまうと
どんどん溜まる郵便物は
毎日家の中に持ち込んで分別！
放さないぞ！
傘はキレイにたたむと
断然スッキリ見えるよ！
玄関の主な汚れは砂埃と手垢。
毎日軽く掃除しておけば
キレイに保ちやすいよ
頑固汚れに
なる前に
毎日3分掃除
除菌
アルコール
ドアの手垢は
除菌アルコールで
拭きとると
スッキリ！

【伊藤先生のコラム】

ちょっとの前倒しで「明日が変わる」片づけ

玄関は外側の世界と内側の世界をつなぐ境界線のような場所。

玄関が美しい状態だと、例え外で嫌な出来事があったとしても、家に入る瞬間に気持ちをリセットすることができます。でも、玄関がごちゃごちゃした状態になっていたらどうでしょう。「さらに不快な状態が目の前に広がっている」のを目にすることで、嫌な気持ちがさらに拡大して、仕事などの外の悩みをずるずる引きずってしまうことにもなりかねません。

気持ちの切り替えに環境の力を利用することで、日々をより心地良く過ごすことが可能になるのです。**玄関をしっかりと整えて、オンとオフのバランスが取れるような自分作りをしていきましょう。**

さて玄関は、外から帰ってきてホッとする場所だからこそ、一番気のゆるみが生まれやすい場所でもあります。郵便物などを惰性でとりあえず置いたままにしてしまったり、「ここにあれば楽だから」という安易な理由で雑然と物を溜めてしまいがち。

また、トモエさんが「後でまとめて片づけようと思ってたよ」と、ネコちゃんに弁解していたように、物事を後回しにする癖が定着しやすくなるのも玄関です。ただ、これは裏を返せば**「前倒しでやる意識づけができる」のも、玄関であるということ。**

まずは最初の小さな一歩として「家に帰ってきたら脱いだ靴をそろえる」ということだけでも始めてみると、「次に家を出る時に靴が履きやすくなる」という、明日に向けての前倒しの準備が自然に行われていくことにもなります。このように、意識すればわずか1秒もあればできること。**その1秒が明日に大きな違いを生み出してい**

きます。

毎日当たり前に通る場所ほど、日々の手入れの盲点になりやすいものですが、一歩一歩やれる範囲からで良いので、毎日区切りをつけて片づけに取り組んでいきましょう。それぞれは小さな行動でも、玄関は比較的小さな空間なので、すぐに目に見える実感が得られると思います。

そうやって日々着実に玄関を整えていき、どんどん変わっていく空気感を味わっているうちに、気がつくと毎日気持ち良く出発できる玄関になっていることでしょう。

ひとしきり玄関の片づけが進んだら、ちょっとしたもので良いので、ぜひ自分の好きなものを飾るようにしてみましょう。雑然とした状態の玄関から朝、出発するのと、**好きなものを見て1日をスタートするのでは、1日の始まりに明らかに違いが生まれます。**

心理学者のフロイトは、人間の根本心理を「人は痛みを避けて、快楽を得る行動を選択する」と、説明しています。人は誰しも散らかった状態が当たり前になると、片づけるという行動自体が苦痛となり、先延ばしという目先の快楽を得る選択をしてし

【伊藤先生のコラム】

まいがちです。でもそこで、一歩でも踏み出して快適な状態を築き上げると、次第に少しでも散らかることが逆に苦痛となって、**心地良い状態を維持することのほうが自分にとって快楽になっていきます。**

玄関が整っていき、そこに自分の好きがプラスされることで、出発と帰宅の二つのポイントで気持ち良い感情が生まれていくので、今まで億劫だと感じていた片づけに対しても「やればできる！」という、自信も育まれていくでしょう。**そうなると、他の場所の片づけにも弾みがつきます。**

一粒で二度以上美味しいものが得られる玄関の片づけに、ぜひ取り組んでみてください。

玄関編のまとめ

★スッキリ**気分良く出かけられて、帰るとホッとできる**玄関にしよう。

★**「とりあえず置き」**に気をつけよう。

★最初は**「帰ったら靴をそろえる」**から始めよう。

mission. 7

お風呂編

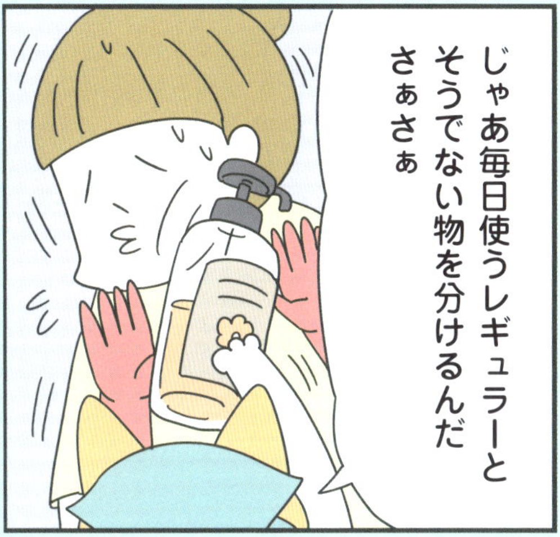

お風呂あがり
さっぱりーー
トモエ
なぁに
明日は お休みだから お風呂掃除しよう
唐突
なんで前日から…
やっておきたいことがあるんだ
まだお風呂にお湯残ってるね
うん
ここに重曹を1カップ入れて…
cup
軽く混ぜる

お風呂用のイスや洗面器を沈めておく
なんで？
重曹が石鹸カスを落としやすくするよ
このまま一晩おいておくよ
へー
次の日
まずはゴム手袋を装着して…
はい
この排水口のゴミを
わし掴む
ひいいいいいい
で、ビニール袋に入れて捨てます
ふー
ゴム手袋してると作業がはかどるでしょ
汚いものもわし掴み！

ではおフロのお湯を抜いて…
物が多い
捨てよう全部
全部はちょっと待って
はい
ガサリ
ゴミ
じゃあ毎日使うレギュラーとそうでない物を分けるんださぁさぁ
毎日使うレギュラー
シャンプー
リンス
ボディソープ
など
タオル
洗顔
メイクおとし
たまに使う
スペシャルトリートメント
スクラブ
シェーバー
オイル
など
使わない
カビまみれボディブラシ
合わなかった化粧品
トリートメント
1年放置してるシャンプーブラシ
など

mission.7 お風呂編

ドアの下、ここも汚れが溜まりやすい場所だから念入りに
ここ
ちなみにお風呂場に出現するこのピンク色のヌメリは
「ロドトルラ」っていうんだよ
なんかモンスターの名前みたい
ロドトルラ
わりと弱いよ！
※トモエのイメージ
ロドトルラは洗剤で簡単に落とせるけど
オフロキレイ
放っておくと数日で増殖しちゃうからこまめに掃除しようね

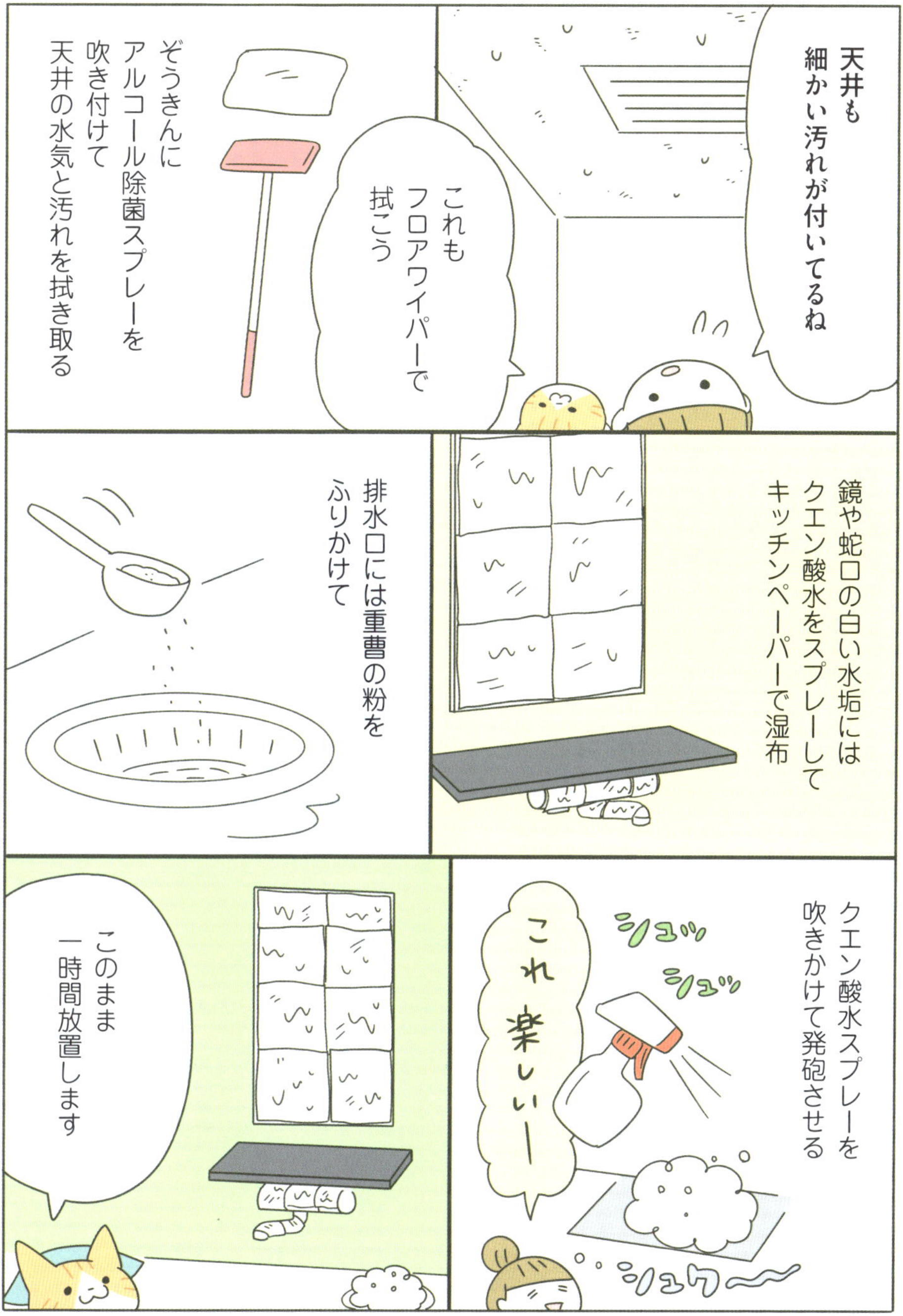
天井も細かい汚れが付いてるね
これもフロアワイパーで拭こう
ぞうきんにアルコール除菌スプレーを吹き付けて天井の水気と汚れを拭き取る
鏡や蛇口の白い水垢にはクエン酸水をスプレーしてキッチンペーパーで湿布
排水口には重曹の粉をふりかけて
クエン酸水スプレーを吹きかけて発砲させる
シュッ
シュッ
これ楽しいー
シュワ〜〜
このまま一時間放置します

お風呂の汚れは浸けこんだり湿布したりするんだね
ゴシゴシこすると細かい傷が付いて、そこに水垢やカビが付きやすくなっちゃうから
汚れる
こする・傷つく
汚れが付きやすくなる
お風呂掃除のポイントはざっくりこんな感じだよ
お掃除ポイント！
・汚れは浸け置き
・水気と湿気を逃す
・毎日の入浴ついでに
おーい
掃除機かけ終わったからそっち手伝うよ！
ありがとう！
やったー
最近よくやってくれるね
えらいぞケンスケ
いやートモエが生き生き掃除してるの見て感化されちゃったよ

一時間後――
浸けてたとこスポンジで軽くこすったらピカピカになった!!
あとは全体の水気を拭きとって終了だよ
わー！なんか明るくなった気がする
くもりや垢を取って光沢が出たね
なんてね
今日はネコちゃんもおフロ入る?
お風呂キライ
シュンッ
シュン
シュン
逃げた
なんて速さだ

お風呂まとめ

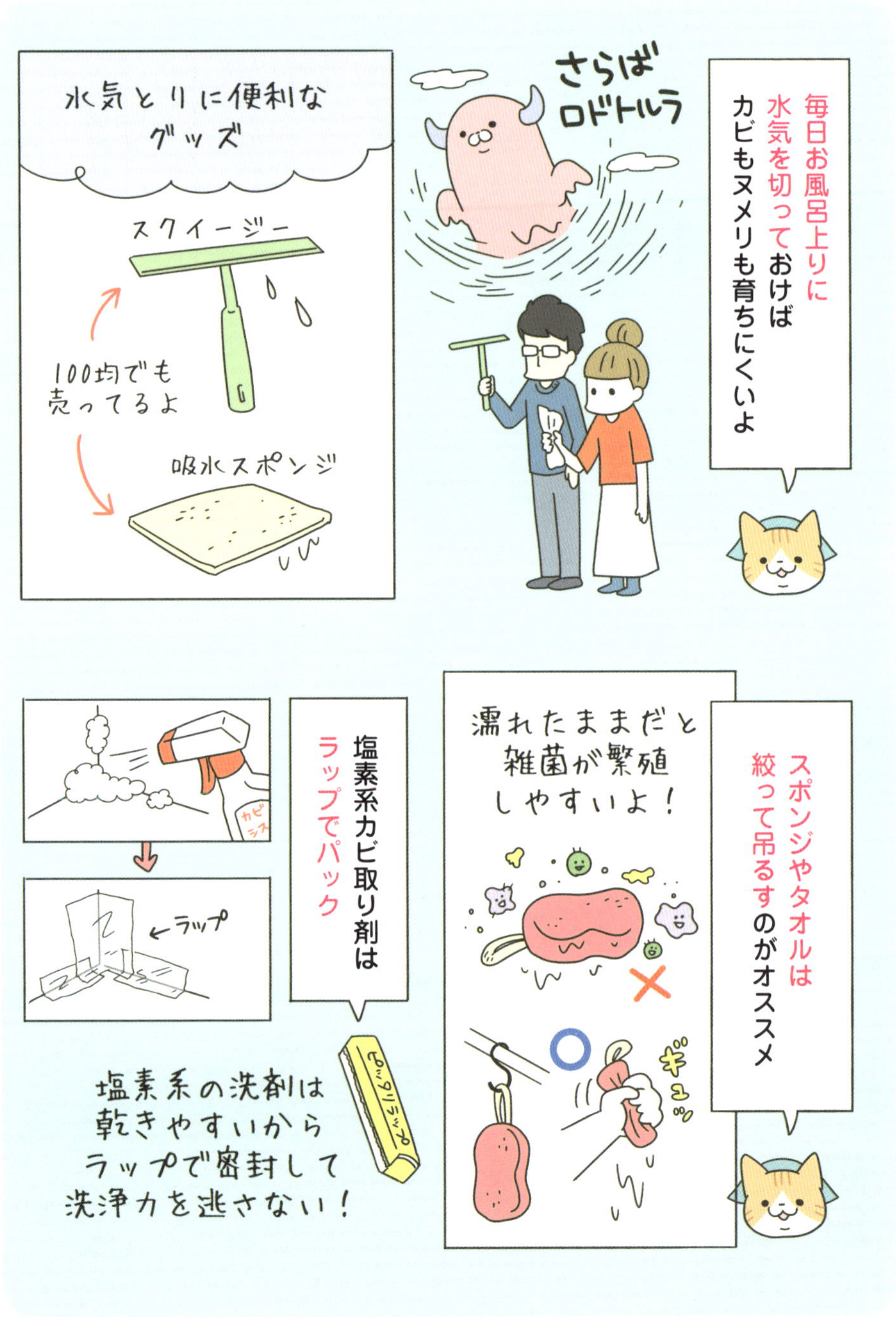
毎日お風呂上りに水気を切っておけばカビもヌメリも育ちにくいよ
さらばロドトルラ
水気とりに便利なグッズ
スクイージー
100均でも売ってるよ
吸水スポンジ
スポンジやタオルは絞って吊るすのがオススメ
濡れたままだと雑菌が繁殖しやすいよ！
ギュッ
塩素系カビ取り剤はラップでパック
←ラップ
塩素系の洗剤は乾きやすいからラップで密封して洗浄力を逃さない！

洗面台も重曹とクエン酸で
くもり汚れ撃退！

洗面ボウルに汚れが溜まって
中性洗剤で落ちないときは、
クエン酸水を全体にスプレーしてから
重曹の粉を小さじ一杯ほど撒いて
スポンジで軽くこすってみて！

洗面台にマイクロファイバータオルを
常備しておけば、いつもピカピカ！

鏡も蛇口も洗面ボウルも、
百均で売っている
マイクロファイバータオルで
毎日拭いてキレイに保とう

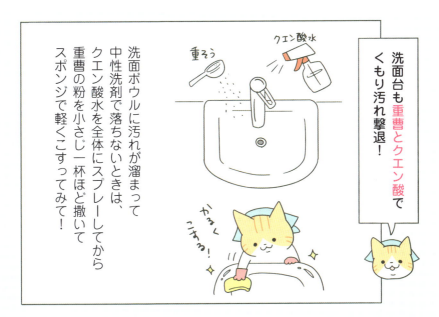

【伊藤先生のコラム】

「自分も家族も心地イイ」片づけ

世界でもトップクラスの長寿国である日本人の健康の秘密は、お風呂に入る習慣にあるとも言われているほど。仏教でも「お風呂に入ることは七病を除き、七福が得られる」と伝えられ、お風呂と心身の健康維持には密接な関わりがあるということは明らかです。

そんな前置きがなくても、私たちの日々の生活において、**お風呂は1日の疲れや外から持ち帰ってきたストレスをすべて洗い流してくれる大切な場所ですよね。**心身ともにリフレッシュして気持ち良い明日を迎えていくためにも、ネコちゃんのアドバイスに従ってバスルーム全体をより心地良い状態にしていきましょう。

お風呂の水垢や天井につきやすい黒カビも、初期段階であればサッと拭き取るだけでキレイになるものです。さらにネコちゃんが教えてくれているように、重曹やクエン酸水スプレーを活用していくと、より効果的かつ簡単にキレイにできます。

ただしお風呂のカビに関しては、表面上はキレイになっているような気がしても、（特にゴムパッキンなどに付着しているものは）**カビ自体が死滅していなければ時間と共にまた繁殖していきます。**

そこで、カビの再繁殖を防ぐために、仕上げとして浴槽に熱湯を注ぐことをお勧めします。カビは50度以上の熱湯で死滅するので、5秒くらい熱湯を注ぐと、ほぼ間違いなく死滅させることができます。また、カビは胞子の状態からカビになるまでに約1週間〜10日くらいかかるので、できれば1週間に1度くらいは定期的に50度の熱湯を注ぐようにすると、それだけで安定的にキレイな状態を保ちやすくなるでしょう。

お風呂は、一度キレイにしてしまえば、その後はさほど労力をかけずとも、毎日の簡単なひと手間でキレイを維持しやすい場所。日々を快適に過ごすためにも、ぜひ一度、全体をキレイに整えてみましょう。

ちなみに、トモエさんが日々片づけに取り組む姿に感化されて、ケンスケさんも自主的に片づけをするようになってきましたね。実はここも大事なポイント。

「片づけなさい！」と、いつも口をすっぱくして言っている人に限って、**逆に相手は一向に片づけをやらなくなるもの。**

実際に、いつも叱りつけられてもなかなか行動ができないお子さんに話を聞いてみると、

「だって、片づけしなさいって言うけど、ママはいつもイライラしていて、全然幸せそうじゃないんだもん！　ママはキレイ好きで満足しているかもしれないけど、いつもイライラしているママみたいにはなりたくないから、片づけはやらないの！」と本音を漏らすお子さんもいるほどです。

学ぶの語源は「真似ぶ（真似をする）」。

他人への影響力は、**言葉で正しさを伝えるのではなく、「真似をしたくなる自分でいる」ほうが、圧倒的に伝わります。**

片づけを意識すると、ついつい神経質に

【伊藤先生のコラム】

なってしまうものですが、本来は片づけることが目的ではなく、「今を気持ち良く過ごす」ことが目的なはずですよね。つまり、**片づくという結果ではなく、片づいた後に得られる気持ち良い感情が大切であるということ。**だからこそですが、片づけが進みだした時ほど、ネコちゃんが常に言ってくれている「今自分が心地良い気持ちで過ごす」ということを思い出して、片づけに取り組んでいきましょう。

　そうすると、トモエさんが掃除を通して「今」を気分良く過ごしている様子が自然とケンスケさんにも伝染したように、**気がつけば周りに自然と良い影響をもたらすような自分になっているでしょう。**

お風呂編のまとめ

★**50度以上の熱湯で**カビの再繁殖を防ごう。

★掃除で気分が良くなると、
周りの人にも良い影響を与える。

★片づけの目的は、自分や家族が
「今を気持ち良く過ごす」ためだということを忘れずに。

おそうじの重点ポイント②
拭き掃除
休日の昼間にゴロゴロするのは気持ちがいいねぇ
…なんかベトベトするね
ムクリ
ザラザラもする
そう？
そういえばあんまり拭き掃除してないなー
掃除機はかけてるけど…
ネコちゃんトイレに入った足で家中歩いてるしね
サッ サッ
トイレ
考えてみたら汚い！ネコちゃんトイレのあと手洗ってよ
断る！
ネコちゃんは猫だからいちいち手とか洗わないんだッ
カッ
…喋って掃除はできるのにそこは猫なんだ
というわけで週一くらいで拭き掃除をしよう

おそうじの重点ポイント②
拭き掃除
先にドライタイプのフロアシートでホコリを取り除いて
ウェットシートで木目に沿って拭いていく
ポイント!
・ホコリを払う
・水拭きは目に沿って
・から拭きでサラサラ
落ちにくい汚れは洗剤で。
畳は水分に弱いから雑巾をお湯につけて固く絞ってから目に沿って拭き取る
なんでお湯?
水分が蒸発しやすいからだよ
から拭きして終了!
イェーーイ
サラサラだ―
足の裏の皮脂も床の汚れの原因になるからなるべく靴下やスリッパを履くといいいよ
さぁはけ
え―
ハダシ好きなんだけど
さぁさぁ
拭き掃除のついでにスリッパの底もキレイに拭いておこう
意外と汚れてる!

mission. 8

収納編

部屋が片づくと
広々遊べるなー
ダダ
ダダ
ダダダ
ダダダ
ダ
ダダダ
ドーン
あいたーー
なんだこの
ガラクタ入りの箱は
トモエめ
スキあらば
散らかして！
収納棚に
しまっておこう
ガチャ
ドサドサ
ドサー
おわーー
ネコちゃん
どうしたの
どうも
こうも
あるか

ちゃんと片づけるように頑張ってるんだけど収納場所が荒れてきちゃって…
ごめんね
はみだしてきちゃったんだね
でも安心して
収納棚を新しく買い足せばもっと入るようになるから
DOYAAAA
インテリアカタログ
収納家具カタログ
……
ああ
まずは今の収納に合わせて物の量や しまい方を調整するのが先だ
バリャーン
カタ
ログ
破ることないじゃないか
さっそく収納を見直そう
ネコちゃんの腕力・・・
キュッ

まずはリビングの収納棚を片づけよう
収納のポイントまで覚えてしまえばトモエもお片づけマスターだよ
お掃除ポイント!
・全部取り出す
・取捨選択する
・キレイに戻す
とりだす…
え―― これ全部取り出すの?
いっぺんに終わらせなくていいよ
棚一段だけとか15分だけとかちょっとずつを継続しよう
今日はここだけ
やれるだけ
取り出しながらなんとなく仕分けをしてみてね
必要 使っているもの 一年以内に使うもの
不要 使う予定のないもの 壊れているもの・ゴミ
保留 決められなかったもの
箱や袋があると分けやすいよ
うーん
今よりちょっと狭い部屋に引っ越すと仮定すると思い切りがつきやすいよ
新居にわざわざ持っていく…?

使わないけど
捨てちゃうのは
もったいないな
これ1回しか
使ってない…
おこづかい
ゲットだ
もちろん人にあげたり
売れそうな物は
フリマやネットで譲るといいよ
……
譲られて喜ぶ人を
イメージできなかったら
それはゴミだ
年賀状って捨てづらくて
5年分くらい残ってる
もう
読まない
今年のだけ残して捨てちゃえ
手紙とか貰い物とか
どうしても捨てづらい物は
期限を決めて保管しておこう
1年間
手に取らなかったら
捨てても大丈夫！
20XX年 0月
仕分けできたね
ふー
半分不用品だった
不要
保留
必要
棚もサッと拭いて
必要な物から
軽く磨いて棚に戻そう
乾いた布で
ホコリを払おう

棚にしまう時は使用頻度の高い物を取り出しやすい位置に置いて
文房具やサイフ、メガネなど…
出番が少ないものやシーズンものは奥の方に入れても大丈夫
またね
ヒーター
寝袋
クリスマスオーナメント
空間に余白があるともったいないから棚や積み上げられるケースで収納スペースを広げよう
空きができた
物を吊り下げたりひっかけたりできるからつっぱり棒も活用してみて
ひっかけ収納
2本つっぱって
箱を置いて小物整理に!

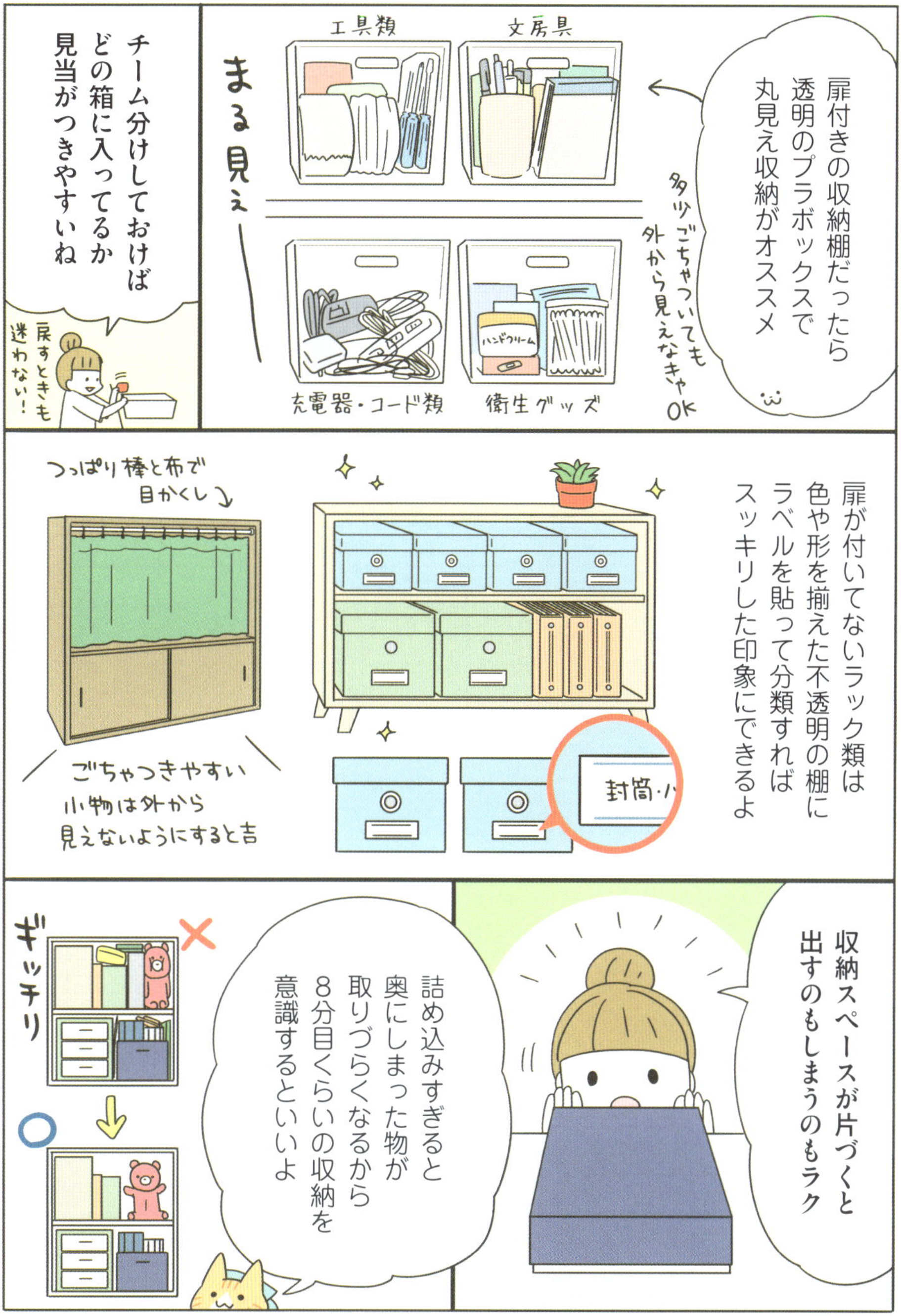
扉付きの収納棚だったら透明のプラボックスで丸見え収納がオススメ
多少ごちゃついても外から見えなきゃOK
まる見え
工具類
文房具
充電器・コード類
衛生グッズ
ハンドクリーム
チーム分けしておけばどの箱に入ってるか見当がつきやすいね
戻すときも迷わない!
扉が付いてないラック類は色や形を揃えた不透明の棚にラベルを貼って分類すればスッキリした印象にできるよ
つっぱり棒と布で目かくし
ごちゃつきやすい小物は外から見えないようにすると吉
収納スペースが片づくと出すのもしまうのもラク
詰め込みすぎると奥にしまった物が取りづらくなるから8分目くらいの収納を意識するといいよ
ギッチリ

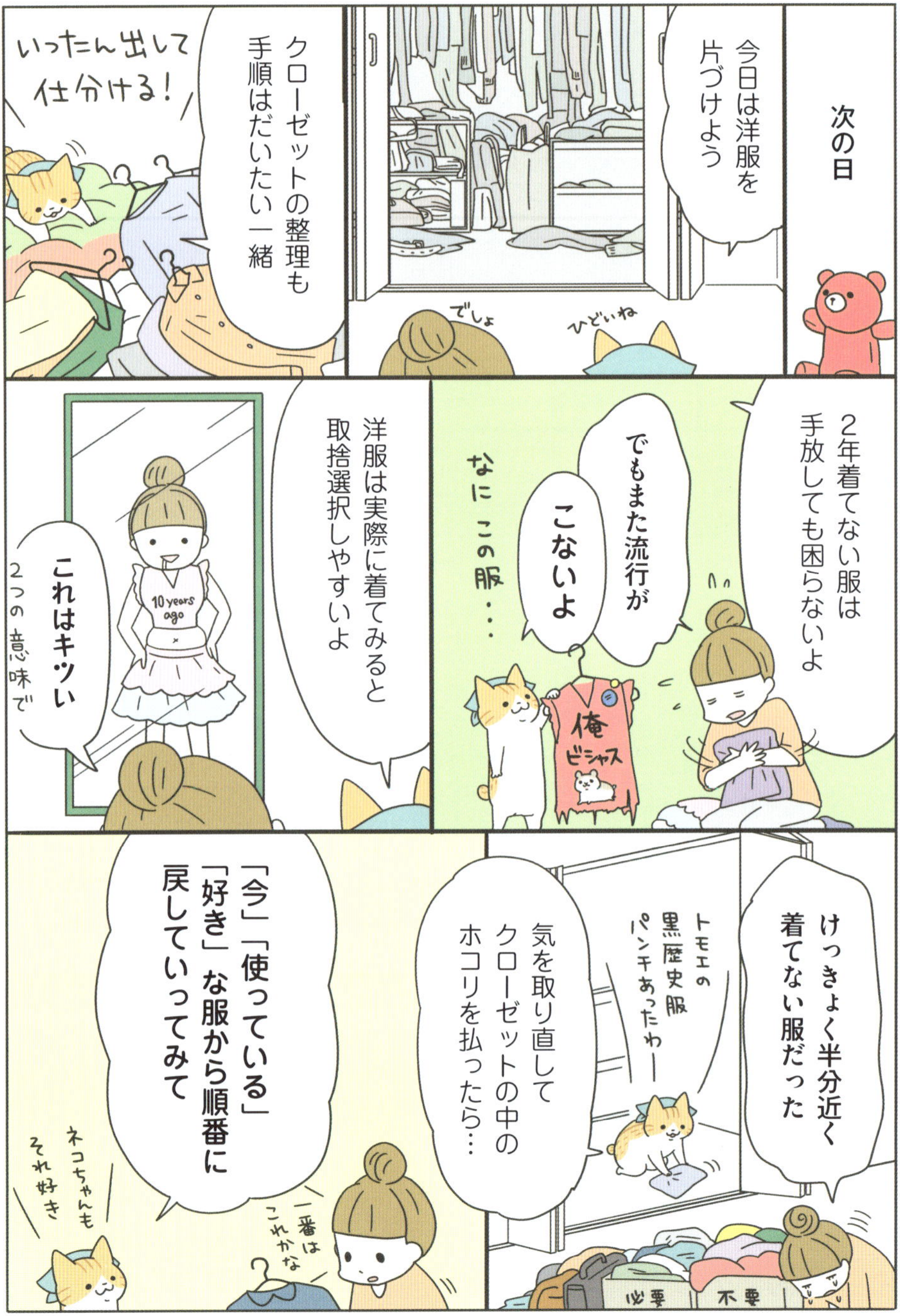
次の日
今日は洋服を片づけよう
でしょ
ひどいね
クローゼットの整理も手順はだいたい一緒
いったん出して仕分ける！
2年着てない服は手放しても困らないよ
でもまた流行がこないよ
なに この服・・・
俺
ビジャス
洋服は実際に着てみると取捨選択しやすいよ
これはキツい
2つの意味で
10 years ago
けっきょく半分近く着てない服だった
トモエの黒歴史服パンチあったわー
気を取り直してクローゼットの中のホコリを払ったら…
必要
不要
「今」「使っている」「好き」な服から順番に戻していってみて
一番はこれかな
ネコちゃんもそれ好き

洋服はどこか一部分が見えてる状態で収納するとしまいこんで忘れ去るのを予防できるよ
上に重ねるより
立てて並べる
上の服だけ見える
全部見える！
ブックエンドを使って仕切るのもオススメ
春夏服と秋冬服はボリュームに差があるから
Spring & Summer
ボリューム小
Autumn & Winter
ボリューム大
衣替えのとき必要な衣装ケース
衣装ケースは折りたためるタイプが便利だよ
使わないときはスリムに！
ネコちゃんが手伝ってくれたおかげでクローゼットもスッキリ…
ん？
全部の服にネコちゃんの毛がくっついてるんだけど
ネコちゃんは猫だからね
服に毛をつけるのが仕事みたいなもんだよ
モさっ

収納まとめ

部屋の収納力に合わせてものを減らせば管理もラク！
物量
収納力
一気に片づけようとすると大イベントになっちゃうからちょこちょこ掃除を習慣にしよう
今日は10分だけ
もったいないよね！溜め込まないで使っちゃおう
ポケットティッシュ
化粧品サンプル
moist
洗顔
もらったそばから使う!!
取り出しやすい
＝片づけやすい
＝散らからない
スイスイスイ〜

収納空間を使い切ろう

洋服を掛けて収納するときは長さを揃えると下のスペースを広く確保できるよ！

何を持ってるか把握しておこう

手放したくない理由が値段やレア度だけだったら手放して大丈夫

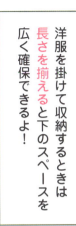

「自分に優しくなる」片づけ

物があふれて片づかない状態になる人ほど、収納を増やせば済むと思っているケースは少なくありません。

実際に私が見てきた中でも、「片づかないのは部屋が狭いからだ」と少し広い部屋に引っ越した途端、空間が増えた分だけ物も増えてしまい、「開かずの間」ができ上がってしまう……という人は非常に多いのです。

収納を増やせば増やすほど、確実に物は増えます。この原理は片づけに限らず言えることで、何事も範囲が広がれば広がるほど、それに合わせた膨張現象が起こるようになっているのです。

わかりやすい例で言えば、「最近ちょっと太ってきたな……」と思ってゆとりある服を着るようになると、逆に体はそのサイズに合わせてさらに太る体型になりやすいもの。また、期限も同じです。夏休みの宿題を、2学期が始まるギリギリに取り組み始める人が多いように、期限も伸ばせば伸ばすほど、それに合わせて行動を先延ばしにしやすい心理が働きます。

ですから、「収納を増やせばいい」と考えている人は、まずはその思考をやめましょう。基本的には、ネコちゃんが教えてくれているように、**今ある収納に合わせて物の量やしまい方を調整することが先決。**そうすると、収納スペースの限界が明確に意識できるようになっていくので、徐々にスペースに合わせた判断ができるようになっていきます。すると、衝動的に物を買うことも減ります。

まずは、ネコちゃんが教えてくれている3つのポイントを意識して、既にある物を把握していくことから始めましょう。最初

は現状を何も変えずに、棚に今何があるのかを確認するだけでも大丈夫です。

そうやって**現在の収納状況を見つめていきながら、一つ一つ取捨選択を繰り返していくことで、少しずつ自分の考えもまとまっていきます。**また、物を効率良く収納し直していくと、物を探して無駄にさ迷う時間を減らすことにもつながります。するとその時間が減る分、時間にもゆとりが自然に生まれていくというわけです。

そして、クローゼットの収納に関しては、女性は特に悩んでいる人も多いかもしれませんね。ぜひ定期的に見直すことをお勧めします。

なぜなら、服は自己表現を象徴するもの。「今の自分が何を着ているのか」、そして「何を着たいと感じるのか」ということに常に敏感になることで、**自分が「今、何を大切にしたいのか」という価値観の洗い直しをする機会にもなるからです。**

こうして部屋の中を今の収納に合わせて整理していくことで、確実に頭の中も整理されていきます。また、部屋の中で「ここは、こうする」という明確な基準が定まっていくことが、自分が日々何を大切にしたいのかという考えをさらに確立することにもつながっていくのです。

それは他者との関わりにも影響を与えます。自分が大切にしたい価値観を基準にした上で、判断や決断ができる自分が形成されていくので、人に左右されて何かを決断したり、人に気を遣って物を取り入れるこ

とも少なくなっていくはずです。

部屋が片づかなくなる時の心理を紐解いていくと、**自分事よりも他人事を優先しがちな時に、部屋は荒れていく傾向にあります。**これは言い方を変えれば、部屋が荒れるという現象の裏には、人を想いやったり、人のために何かをしようとする尊い心があるということ。つまり、部屋が荒れる人ほど、思いやりがあって優しい人が多いのです。

でも、人のことばかりを気にしてしまうと、自分が苦しくなるのも事実。このような心当たりがある人は特に、部屋の整理に取り組むことが心の整理をするきっかけにもなります。**他人に優しくしようと思う以上に、自分にも優しくしてあげるためにも、**この機会にぜひ収納の整理に取り組んでみてください。

収納編のまとめ

★今ある**収納に合わせて物の量やしまい方を調整**しよう。

★物の取捨選択は、**「自分が今、何に価値を置いているか」**に気づくチャンス。

★片づけを通して、
自分に優しくすることに取り組もう。

Epilog

「ふつうの猫にもどります」

…キレイだ…
よかったー
夢じゃなかった
じゃあなんでネコちゃん喋らなくなっちゃったの
しゃべってよー
ネコちゃーんしゃべってー
コチョ コチョ コチョ コチョ コチョ コチョ コチョ コチョ
やめろ
喋れるじゃん
ズム
人間語喋るの疲れちゃうんだよ
そうなんだ
着がえた

ネコちゃんが人間語を習得したのは家をキレイにしてもらいたかったからなんだ
あめんぼ
あかい
にゃ
あいうえお
テレビ
トモエとケンスケはもうお片づけできるようになったから大丈夫
ネコちゃんは普通の猫に戻ります
コトリ
そっか、ネコちゃん頑張って喋ってたくさん教えてくれたもんね
少しずつでもゆっくりでも掃除続けるからね
ニャー
ありがとうネコちゃん
じゃあごはんにしよう
喋るんじゃん
おわり

Atogaki

あとがき
私はもともと掃除好きではありませんでしたが
←実家時代
ごちゃー
今は飼い猫の写真を撮るために掃除を続けています
カシャシャ
シャシャ
カシャー
汚部屋だった頃の自分も猫に「掃除しなさい」って言われたら掃除してたかもな
そうじしなさい
ことわる
マンガ
そんなことを考えながら作ったキャラクターが「ネコちゃん」でした
最初はもうちょっと物騒な性格でしたが
Clean or DIE
描いてるうちにかわいくなってしまった
監修の伊藤勇司先生、編集担当の佐藤さん、デザイナーの千葉さんはじめ携わっていただいた方々、そしてこの本を読んでくださった皆様、心からお礼申し上げます。ありがとうございました！
共にがんばりましょう!!
2017年3月 卵山玉子

Atogaki

ネコちゃんの愛のムチによって、トモエさんの部屋は見事に片づいていきました。でも、本当に変わったのは部屋ではなく、実はトモエさん自身なのです。

ネコちゃんはいつも、トモエさんのことを見てくれていました。普段何気なく過ごしている中での、トモエさんの行動や考え方を客観的に見ながら、今のトモエさんにとって、今いる場所で「いいな」と思える暮らしができるように、提案してくれていました。

そのネコちゃんの提案を素直にトモエさんが受け入れて、自分の行動や考え方を変える選択をしたからこそ、結果として部屋が片づくようになったのです。

最後に、あなたにお伝えしたいこと。

それは、片づけの本質は部屋を改善していくことではなく、「部屋が片づかなくなる状況を招いた〝自分〟を改善すること」だということを、頭の片隅に入れておいて頂ければと思います。

すべては、「今の自分」を変えることから始まっていきます。このことを念頭に置きながら、ネコちゃんの教えてくれる片づけ術を参考にして、自分で自分を奮い立たせていきましょう。この一点の変化から、あなたを取り巻く環境だけではなく、人間関係や人生のあらゆるものが、どんどんより良い方向へ進化していくことを心から願っています。

空間心理カウンセラー　伊藤勇司

著者　卵山玉子（たまごやま・たまこ）
お片づけじょうずなマンガ家。アメブロ公式トップブロガー。愛猫との生活を描いた猫まんが『うちの猫がまた変なことしてる。』『うちの猫がまた変なことしてる。2』（共にKADOKAWA）で人気を博す。挿絵に『シュウさま-保護猫カフェからやってきた3本足のモフ天使』（小社）、『イラストでわかる！　ネコ学大図鑑』（宝島社）がある。

監修　伊藤勇司（いとう・ゆうじ）
「片づけ心理の専門家」空間心理カウンセラー。日本メンタルヘルス協会公認心理カウンセラー。魔法の質問認定講師。引っ越し業で働きながら心理学を学ぶ中で「部屋と心の相関性」に着目し、片づけの悩みを心理的な側面から解決する「空間心理カウンセラー」として2008年に独立。著書に『片づけは「捨てない」ほうがうまくいく』（飛鳥新社）、『部屋は自分の心を映す鏡でした。』（日本文芸社）、『あなたはなぜ、片づけられないのか？』（PHP研究所）がある。

ブックデザイン　千葉慈子（あんバターオフィス）
編集担当　佐藤葉子（WAVE出版）

マンガでわかる片づけ
ネコちゃんのスパルタおそうじ塾

2017年3月25日　第1版第1刷発行
2017年4月27日　　　第4刷発行

著者　卵山玉子
監修者　伊藤勇司
発行者　玉越直人
発行所　WAVE出版
〒102-0074 東京都千代田区九段南 3-9-12
TEL 03-3261-3713
FAX 03-3261-3823
振替 00100-7-366376
E-mail: info@wave-publishers.co.jp
http://www.wave-publishers.co.jp

印刷・製本　シナノ パブリッシング プレス

NDC597 127p 21cm
ISBN978-4-86621-050-6